文物局第一次全国可移动文物普查工作办公室 编

普查藏品登录操作手册

文物出版社

封面设计 周小玮

责任印制 张道奇

责任编辑 许海意

图书在版编目（CIP）数据

普查藏品登录操作手册 / 国家文物局第一次全国可移动文物普查工作办公室编. —北京：文物出版社，2014.9

ISBN 978 - 7 - 5010 - 4082 - 7

Ⅰ.①普…　Ⅱ.①国…　Ⅲ.①文物 - 普查 - 中国 - 问题解答　Ⅳ.①K87 - 62

中国版本图书馆 CIP 数据核字（2014）第 203132 号

普查藏品登录操作手册

国家文物局第一次全国可移动文物普查工作办公室 编

＊

文 物 出 版 社 出 版 发 行

北京市东直门内北小街 2 号楼

http：//www.wenwu.com

E-mail：web@wenwu.com

北 京 宝 蕾 元 公 司 制 版

北 京 京 都 六 环 印 刷 厂 印 刷

新 华 书 店 经 销

850×1168　1/36　印张：4 2/3

2014 年 9 月第 1 版　2014 年 9 月第 1 次印刷

ISBN 978 - 7 - 5010 - 4082 - 7　定价：25.00 元

本书图版与文字为独家所有，非经授权同意不得复制翻印

目　录

规范文件

前 言

为推动普查工作，国家文物局先后出版了《第一次全国可移动文物普查工作手册》、《馆藏文物登录规范》，印发了《关于做好出土（水）文物普查登录有关要求的通知》（办普查函［2014］19 号）、《关于做好馆藏自然类藏品登录工作有关要求的通知》（办普查函［2014］249 号）。

按照上述标准规范的要求，针对普查工作人员在实际工作中遇到的普遍问题，国家文物局第一次全国可移动文物普查工作办公室组织相关专家编写了《第一次全国可移动文物普查藏品登录操作手册》。

《操作手册》以藏品编号、名称、文物类别、质地、数量、尺寸、质量、文物级别、藏品来源、完残程度、入藏时间、照片等普查信息采集的指标项为章节，采用问答的形式，简要解答普查中信息采集登录等方面的常见问题，并就不同条件下文物摄影、扫描设备的配置提出了建议。

　　希望《操作手册》能为普查工作提供实操性的业务指导，对广大普查工作人员的工作有所帮助。

操作问答

一 藏品编号

1. 藏品编号包括哪些种类?

答:藏品编号包括总登记号、辅助账号(参考品账号、复制品账号、分类账号等)、索书号、档案编号、固定资产登记号、财产登记号、出土(水)登记号、其他编号。

2. 藏品编号怎样填写?

答:按各收藏单位当前登记的藏品编号填写,博物馆等文物收藏单位根据本单位藏品账目和档案填写。在博物馆藏品总登记账上的藏品填写藏品总登记号;藏品若无总登记号,应填写其他登记号,如辅助账号、索书号、档案编号、固定资产登记号、财产登记号、出土(水)登记号或其他编号。

其中总登记号指馆藏文物在现收藏单位《博物馆藏品总登记账(文物)》上的登记号。

注意:在录入藏品编号时,编号中有冒号(:)、星号(﹡)、逗号(,)、正反斜杠(/、

\）、问号（?）、竖杠号（|）、各种括号等特殊符号，必须在英文全角状态下输入，否则会影响照片的批量导入。

马家窑文化人形纹彩陶罐

二　名称

3. 已有名称是否需要重新定名？

答：原则上以现登记名称（藏品总账上的名称）为依据。有些著名文物的名称不完全符合现有定名规范要求，但已约定俗成，如上海博物馆的大克鼎、国家博物馆的大盂鼎，从清代出土以来便以此命名，已形成共识，不用更改。对需要重新定名的文物，依《馆藏文物登录规范》定名原则重新定名，同时登记原有名称。

4. 原名如何填写？

答：文物账目及藏品档案中记录有原名的，重新命名后，原名应在普查登录系统上如实填写。有多个原名的，一并填写，并以"、"隔开。

藏品编号	▼
名　称	
原　名	

5. 文物定名的要素有哪些？这些要素如何选择、排列？

答：主要包括：（1）年代。主要分为制造年代和使用年代。制造年代即文物的最初制作时间；使用年代即文物的实际使用时间。兼有两种年代类型者填写一种主要年代类型。（2）特征。指文物的主要特征，如主题纹饰、主要工艺、主要内容、主要材质、主要作者以及产地、物主名、民族名、国名等。（3）通称，即文物的通常名称。

为文物定名时，要遵循科学、准确、规范、简略原则，选择定名要素，按照年代、特征、通称顺序排列，如：汉"长乐未央"瓦当。就各类特征的排序而言，一般遵循"产地、窑口、制造者、使用者 + 工艺 + 纹饰、铭文 + 其他特征 + 质地"的顺序进行。如元景德镇窑青花凤首扁壶、清乾隆明黄缎绣金龙纹女式皮朝袍。

6. 文物定名时，年代标示方式有哪些？

答：主要有下述表示方式：公历纪年、地质年代、考古学年代、中国历史学年代、帝王纪年和其他纪年（如外国纪年，历史事件纪年）等。

公历纪年：1921 年 7 月 23 日

地质年代：早更新世

考古学年代：新石器时代

中国历史学年代：清

帝王纪年：清乾隆六十年

外国纪年：日本明治四十二年九月

历史事件纪年：抗日战争时期

7. 成套文物如何命名？

答：凡不能分割的成套文物，定名时应统一定名，完整无缺者定统一名，如：清康熙五彩十二月花神杯。失群者应在单一名称前标上统一名称，如：唐三彩十二辰"龙"俑。

清康熙五彩十二月花神杯

8. 仿制品如何命名？

答：1912 年以前仿制的具有历史、艺术、科学价值的藏品，需在命名中体现有关仿制信息。不能确定仿制时间的，应在年代前加"仿"字，如：仿康熙素三彩花果纹碗。如能确定仿制时间，则应标明仿制时间。如：清雍正仿成化斗彩盘。

9. 残品如何命名？

答：具有历史、艺术、科学价值而本身严重残缺的馆藏文物，应注明"残"字。如：战国残水陆攻战纹铜鉴。

10. 多人合作的书法、绘画文物如何命名？

答：书法、绘画等文物中如有多人合作者，定名时为避免字数过多，应以最著名者为主，后缀"等共作、等共绘"等字样。

11. 器物类文物如何命名？

答：主要内容包括：年代、（考古学文化或产地）、质地、主要纹饰、通称等。如：

新石器时代　龙山文化黄陶鬶

新石器时代 龙山文化黄陶鬶

新石器时代 良渚文化兽面纹玉琮

商代晚期 戍箙卣

东汉 击鼓说唱陶俑

唐 彩色釉陶骑马女俑

元晚期 景德镇窑蓝釉白龙纹瓶

元晚期 景德镇窑蓝釉白龙纹瓶

明 透雕花卉盘龙纹犀角杯

12. 书画类文物如何命名？

答：主要内容包括：年代、作者、作品内容、装裱形式等。如：

东晋　王羲之姨母帖

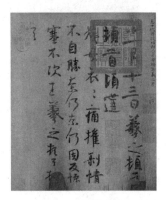

东晋　王羲之姨母帖

五代　闸口盘车图卷
北宋　米芾多景楼诗册
元　　倪瓒渔庄秋霁图轴
清　　恽寿平花鸟图册

13. 古籍图书类文物如何命名？

答：主要内容包括：年代、刻本或写本、

作者、内容、装帧形式等。如：

明成化　说唱词话传奇刻本

清　甲戌本《石头记》钞本

14. 文件、宣传品及档案文献类文物如何命名？

主要内容包括：年代、作者、内容等。如：

1912 年 2 月 13 日　刊登在《京师公报》上的"清帝退位"号外（头版）

20 世纪 20 年代　鲁迅日记手稿

15. 近现代类文物如何命名？

答：主要内容包括：年代、与文物相关的事件或人物、内容、通称等。如：

20 世纪初　武昌起义守城司令官颁发出入城门证

20 世纪 30 年代　林伯渠长征时用的马灯

1946 年　李公朴烈士的血衣

16. 民族类文物如何命名？

答：主要内容包括：年代、民族、地区、质地、装饰、通称等。如：

> 清　蒙古族镶银嵌珊瑚珠头面
> 现代　瑶族包银木梳
> 现代　蒙古族嵌珐琅铜鼻烟壶
> 现代　新华苗族彩绣旋涡花祭鼓衣

现代　新华苗族彩绣旋涡花祭鼓衣

17. 标本化石如何命名？

答：主要内容包括：生物标本的地质学年代、发现地点（或发现者）、生物化石的分类属种、部位等。如：

白垩纪早期　侯氏尖嘴鸟 注：侯晋封发现

白垩纪中晚期　邱氏滤齿翼龙 注：为纪念古生物学家邱占祥院士

白垩纪早期　横道子长城鸟 注：发现于辽宁朝阳横道子

18. 名称中的生僻字、字符如何填报？

答：输入法无法拼写的生僻字、字符，在填报时，应在名称一栏以"□"代替，并在拍摄正视图时，文物下方摆放手写的文物名称，一并拍摄录入。

红山文化玉猪龙

三 年代

19. 年代明确的文物，如何填报年代？

答：年代明确的文物，在"年代"中直接点选，并可填写"具体年代"。应注意以下几点：

（1）史前文物用考古学年代。

旧石器时代文物点选"旧石器时代"；新石器时代文物点选"新石器时代"，在"具体年代"一栏中填写相应的文化时期。如能明确文化类型，也应做出标注。

示例：

旧石器时代

| 年　代 | 旧石器时代　　　▼ | 具体年代 | |

新石器时代

| 年　代 | 新石器时代　　　▼ | 具体年代 | |

新石器时代仰韶文化

| 年　代 | 新石器时代　　　▼ | 具体年代 | 仰韶文化 |

新石器时代仰韶文化（半坡类型）

年　代	新石器时代 ▼	具体年代	仰韶文化（半坡类型）

（2）历史文物用"中国历史学纪年"，纪年确切的文物，可在"具体年代"一栏中填写具体年号等。

示例：

年　代	明(1368~1644) ▼	具体年代	明洪武二年（1369）

（3）商周时期其他地区文物的"年代"点选"其他"，"具体年代"栏可填写考古学文化时期。

示例：

年　代	其他 ▼	具体年代	朱开沟文化

年　代	其他 ▼	具体年代	李家崖文化

（4）王莽建立的"新"王朝时期的文物，"年代"点选"西汉"，在"具体年代"里填写王莽或新莽时期。

年　代	西汉(前206~公元25) ▼	具体年代	新莽时期

20. 年代跨度较大或不明确的文物，如何填报年代？

答：年代明确的文物，在"年代"选项中点选对应年代。年代不明确的文物，在"年代"栏中点选"其他"，手动填写"具体年代"。无法判断年代的文物，"年代"点选"年代不详"。应注意以下几点：

（1）周代：西周、东周不明确的，"年代"可点选"周"；春秋、战国不明确的，"年代"可点选"东周"

（2）汉代：西汉、东汉不明确的，"年代"可点选"汉"。

（3）三国：无法确定具体国别的，"年代"可点选"三国"。

（4）晋代：西晋、东晋不明确的，"年代"点选"其他"，"具体年代"填写"晋"。

示例：

年　代	其他	▼	具体年代	晋

（5）南北朝：无法确定年代、国别的，"年代"点选"南北朝"。

（6）五代十国：无法确定年代、国别的，"年代"点选"五代十国"。

（7）宋代：北宋、南宋不明确的，年代可选"宋"。南宋时期，北方有辽、金、西夏，需单独点选。

21. 年代范围为两个及两个以上连续朝代的文物，如何填报年代？

答："年代"点选"其他"，并填写"具体年代"。需注意，如"年代"点选"其他"，"具体年代"为必填项。

示例：

| 年　代 | 其他　　　　　　　　　　▼ | 具体年代 | 秦汉 |

| 年　代 | 其他　　　　　　　　　　▼ | 具体年代 | 宋元明时期 |

22. 地方政权、少数民族政权时期的文物，如何填报年代？

"年代"点选"中国历史学纪年"，在"具体年代"里填写地方政权年号或公历纪年。

示例：

| 年　代 | 北宋(960~1127)　　　　▼ | 具体年代 | 大理国日新五年（1012） |

23. 外国文物如何填报年代？

答：外国文物"年代"点选"公历纪年"，并在"具体年代"中填写其所在国别及年代信息，并加注公历纪年。

示例：

年　代	公元19世纪 ▼	具体年代	日本明治二十年（1887）

西汉　铜羽人

四 文物类别

24. 普查登录文物分类的基本原则？

答：主要以文物的自然属性（质地）为主要依据，并兼顾其社会属性（性质和功用）。

25. 文物类别交叉时的选择原则？

答：每件文物只能选择一种类别。具体类别按照《馆藏文物登录规范》的"类别"进行选择。

26. 文物原分类与普查文物分类不一致如何处理？

答：为便于数据统计分析，本次普查文物分类按照《馆藏文物登录规范》要求进行填报。博物馆等收藏单位原文物分类与普查分类不一致时，按文物普查的分类进行信息采集、登录。但原藏品账目和档案不做更改。

27. 复合及组合质地的文物如何选择类别？

答：复合及组合质地的文物，按其主体或主要质地选择类别。

28. 馆藏壁画如何分类？

答：纳入本次普查的馆藏壁画归入绘画类。

29. 哪些文物属于玉石器、宝石？

答：历代玉、翡翠、钻石、红宝石、蓝宝石、祖母绿、金绿猫眼、钻石、玛瑙、水晶、碧玺、青金石、石榴石、橄榄石、松石、琥珀、蜜蜡、珊瑚、珍珠等属于玉石器、宝石类文物，以上述材料为主要材质的制品也应归入此类。

30. 哪些文物属于陶器？

答：除陶制文物外，泥制、三彩、紫砂、珐花、生坯、泥金饼、泥丸、陶范等制作的生产工具、生活用具及其他制品也应归入陶器类。泥塑造像属于雕塑、造像。

31. 哪些文物属于铜器？

答：历代以铜为主要材质的生产工具、生活用具及其他制品应归入铜器类。但铜质钱币、铜质雕塑、铜质造像等社会功用明确，不归入铜器类。

32. 哪些文物属于金银器？

答：历代以金银为主要材质的生产工具、

生活用具及其他制品应归入金银器类，但金质或银质的钱币、雕塑和造像等社会功用明确，不归入金银器类。

33. 哪些文物属于铁器、其他金属器？

答：历代以除金、银和铜之外的铁器、其他金属为主要材质的生产工具、生活用具及其他制品都应归入此类，但不包括钱币和雕塑造像。

34. 哪些文物属于雕塑、造像？

答：历代金属、玉、石、陶瓷、木、泥等各种质地的雕塑、造像。

35. 哪些文物属于"石器"、"石刻"、"砖瓦"？

答：历代以石为主要材质的生产工具、生活用具及其他制品（不包括雕塑、造像）。如石器、碑碣、墓志、经幢、题刻、画像石、棺椁、法帖原石等；历代城砖、画像砖、墓砖、空心砖、砖雕、影作、板瓦、筒瓦、瓦当等。

36. 哪些文物属于书法、绘画？

答：除各种书法绘画作品，如国画、油画、

版画、素描、速写、帛画、宗教画、织绣画、连环画、贴画、漫画、剪纸、年画、民间美术平面作品要归入此类外，已存放于博物馆的壁画，以及版画的刻版等也应归入书法、绘画类。

37. 哪些文物属于文具？

答：历代笔、墨、纸、砚及其他文房用具，如笔筒、笔架、水盂、墨床、印盒、镇纸、臂搁等。

38. 哪些文物属于甲骨？

答：记录有价值史料内容的龟甲、兽骨。

39. 哪些文物属于玺印符牌？

答：历代金、银、铜、铁、石、牙、玉、瓷、木等各种质地的印章、符节、画押、封泥、印范、符牌等。

40. 哪些文物属于钱币？

答：历代贝、铜、铁、金、银、纸币及钱范、钞版等。

41. 哪些文物属于牙骨角器？

答：历代兽角骨、犀角、象牙、其他兽牙、

西汉　"齐铁官印"封泥

南宋　会子铜钞版

玳瑁、砗磲、螺钿制品及原材等。

42. 哪些文物属于织绣？

答：历代棉、麻、丝、毛制品，缂丝、刺绣、堆绫等。

43. 哪些文物属于古籍图书？

答：历代写本、印本、稿本、抄本、图书等。民国时期的图书也归入此类。

44. 哪些文物属于武器？

答：各种兵器、弹药和军用车辆、机械、器具等。

45. 哪些文物属于邮品？

答：各种邮票、实寄封、纪念封、明信片及其他邮政用品。

46. 哪些文物属于文件、宣传品？

答：反映历史事件的正文文件或文件原稿；传单、标语、宣传画、报刊、号外、捷报；证章、奖章、纪念章等。

47. 哪些文物属于档案文书？

答：历代诏谕、文告、题本、奏折、诰命、

舆图、人丁黄册、田亩钱粮簿册、红白契约、文据、书札等。

48. 哪些文物属于名人遗物？

答：近现代已故著名历史人物的手稿、信札、题词、题字等用品。

49. 哪些文物属于玻璃器？

答：历代料器、琉璃器等。

50. 哪些文物属于音像制品？

答：除各种胶片、唱片、磁带等归入音像制品外，各种原版照片也归入此类。

51. 哪些文物属于票据？

答：各种门票、车船票、机票、供应证券、税票、发票、储蓄存单、存折、支票、彩票、奖券、金融券、单据等。

52. 哪些文物属于交通、运输工具？

答：各种民用交通运输工具及辅助器物、制品，如舆轿、人力车、兽力车、汽车、摩托、船筏、火车、飞机等。请注意：军事用途的，应归于武器类。

53. 哪些文物属于度量衡器？

答：各种质地的用于计量物体长度、容积、质量的器具，如尺、权、砝码、量器、秤等。

54. 唐卡属于哪类文物？

答：唐卡属于绘画类文物。

55. 经书属于哪类文物？

答：经书属于古籍图书。

56. 其他类文物指什么？

答：在文物普查范围内，其他属于人类在历史发展进程中遗留的、由人类创造或者与人类活动有关的一切具有价值的物质遗存，且在已列明确34种文物之外的文物。

五　质地

57. 质地分成几类？

答：质地分为单一质地、复合或组合质地。

58. 什么是复合或组合质地？

答：复合或组合质地是指由两种以上材质合成，分为无机复合或组合、有机复合或组合、有机无机复合或组合。

59. 文物的主要材质有哪几类？

答：分为无机质和有机质两类。

60. 无机质包括哪些？

答：无机质包括石、瓷、砖瓦、泥、陶、玻璃、铁、铜、宝玉石、金、银、其他金属、其他无机质。

61. 有机质包括哪些？

答：有机质包括木、竹、纸、毛、丝、皮革、骨角牙、棉麻纤维、其他植物质、其他动物质、其他有机质。

62. 举例说明哪些文物是无机复合或组合质地的？

答：清乾隆九成金嵌色石佛塔、战国嵌松石铜剑、清金累丝嵌松石坛城、西汉错金银博山炉。

西汉 错金银博山炉

63. 举例说明哪些文物是有机复合或组合质地的？

答：清木架藤屉玫瑰椅、清乾隆紫檀嵌黄杨木雕云龙宝座屏风、清紫檀缂丝宝座、清太宗皇太极御用鹿角椅。

64. 举例说明哪些文物是有机无机复合或组合质地的？

答：北朝木柄铁锸、清紫檀嵌玉八卦如意、清紫檀嵌珐琅五伦图宝座屏风、唐木身锦衣裙女俑。

清太宗　皇太极御用鹿角椅

唐　木身锦衣裙女俑

六 数量

65. 藏品计件的原则是什么?

答:藏品计件时,单件藏品编一个号,按一件计算。成套藏品按不同情况分别处理:组成部分可以独立存在的,按个体编号计件;组成部分不能独立存在的,按整体编一个号(其组成部分可列分号),也按一件计算,在"实际数量"里注明其组成部分的实际数量。

66. 成套藏品的实际数量如何计算?

答:成套藏品的实际数量为组成这件(套)藏品的件数总和。一般以组成这件(套)藏品的"独立存在"个体来计算。

67. 失群的成套藏品如何计件?

答:按一件套和实际数量计件。

68. 数量较大的藏品,可以按包、箱等笼统计件吗?

答:在计件过程中,不能以一包、一箱等

作为计件单位。

69. "盖壶"、"盖豆"、"盖鼎"、"盖碗"如何计件？

答：盖与身独立为两件，但使用时不可分，计件时计作1件，实际数量不计为"2"，在"基本情况"附录信息表的备注栏注上"附盖"即可。

70. 带托的藏品等应如何计件？

答：应按1件计。在"基本情况"附录信息表的备注栏注上"附托"。

71. 由多人作品组合成的字画册如何计件？

答：应根据藏品现状，按一件（套）计，实际数量按册页作品计。如"清六家字画册"，为6幅作品，计为1件（套），实际数量为6件。

72. 残件藏品如何计件？

答：原则上按单件计。如吉鸿昌的血衣只有两片，按1件计。在"完残程度"一栏中注明残缺。

73. 朝珠等藏品如何计件?

答：按1件套计件，填写实际数量。

74. 液体藏品如何计件?

答：按照其独立容器编号，按1件计算，同时应填报容量或重量。

75. 种子、木炭、贝币等不易清点单体个数且已存放于容器的藏品应如何计件?

答：按独立容器计件。

76. 子弹如何计件?

答：藏量少的按单件计；数量大的，来源、型号相同的编一个登记号，计为1件（套），并应填写实际数量。

77. 车马器如何计件?

答：按1件套计，并填写实际数量。

78. 明器中的猪圈、陶灶等如何计件?

答：按1件套，实际件数计件填写实际数量。

79. 成组的建筑构件如何计算?

答：按1件套，实际件数计件。

80. 钱币如何普查登记、拍摄照片？

答：藏量少、精品的钱币按枚计算；数量多的，分清来源，按来源计件、拍照。同一来源的编一个总登记号，总号下登记实际数量。量词切不能用袋、筐之类。

81. 自然类藏品的实际数量怎样填写？

答：自然类藏品的实际数量，普查登录系统平台默认为1件（组），对实际数量的统计并没有硬性要求。实际数量明确的，可在"标本/化石"类表单"附属信息–基本情况"的备注栏中填写。例如，一瓶种子的实际数量可填写："实际数量：1000"。

七　尺寸

82. 不规则形体藏品如何测量?

答:不规则形体藏品外形尺寸是按照陈列状态测量最大长、宽、高。

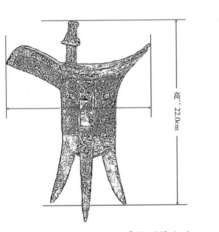

爵的测量方法

具体尺寸的测量方式举例如下:团扇可测量横与纵的最大部位。瓶可测量口径、底径和高。雕塑造像可测量座高、像高和通高。

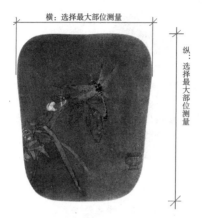

横：选择最大部位测量

纵：选择最大部位测量

团扇的测量方法

口径

高：34.7cm

底径

瓶的测量方法

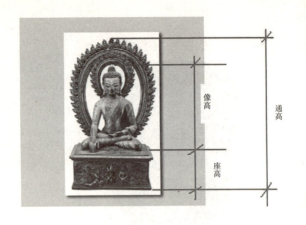

像高

通高

座高

佛像的测量方法

83. 成套藏品如何测量?

答:成套藏品规格基本一致的,测量最大的一件单体尺寸;组成部分大小不一致,分别测量各个单体尺寸;数量众多且规格不一致的,测量最大和最小一件单体尺寸。

84. 书画类藏品测量需要注意哪些问题?

答:书画类藏品中未经托裱的应测其全幅长度、宽度,经过托裱的应测量画心部分的长度、宽度。画心部分指不用计算左右、天地等托裱部分。如一件书札、信函几页通裱在一轴或一卷时,则应分别测各页长度、宽度。但唐卡与书画类藏品测量方式不同，唐卡应当测量画心和边框两部分。

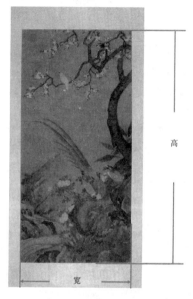

高

宽

书画作品的测量方法

八　质量

85. 哪些藏品必须填报具体质量？

答：贵重金属、玉石器、宝石等质量与其价值密切关联的藏品，应填报具体质量。

86. 成套藏品怎么填质量？

答：同一件套有多个单体的藏品，分别称量各个单体的质量，并计算总和。

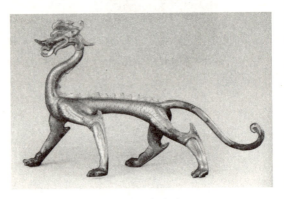

唐　鎏金铜走龙

九 文物级别

87. 藏品的级别如何填报？

答：已定级的文物，按确定的文物级别点选"一级"、"二级"、"三级"、"一般"。登录时未定级的文物点选"未定级"。

88. 参考品如何填写文物级别？

答：参考品、资料等账目上经过定级并确定为一般文物的，点选"一般"。未定级的点选"未定级"。

89. 古籍的级别如何填报？

答：作为文物来采集登录的古籍图书，其级别按文物级别填报。

90. 标本化石的级别如何填报？

答：在普查登录系统上，标本、化石的级别如按文物填报，则同文物藏品级别填报方法。如按标本化石填报，可根据级别分别点选"珍贵"、"一般"或"其他"。

十　藏品来源

91. 藏品来源有哪些?

答:藏品来源点选"征集购买"、"接受捐赠"、"依法交换"、"拨交"、"移交"、"旧藏"、"发掘"、"采集"、"拣选"、"其他"。

唐　三彩腾空马

十一 完残程度

92. 完残程度如何填报?

答：根据单件文物及其附件的完整、损伤、残缺、污染或成套文物失群程度的判断，点选"完整"、"基本完整"、"残缺"、"严重残缺（含缺失部件）"。

93. 常用于完残状况记录的术语有哪些?

答：残缺、破损、绺裂、裂纹、霉迹、霉斑、剥釉、爆釉、冲口、污渍、折痕、磨痕、划痕、褪色、锈蚀、变形、虫蛀、鼠咬、脱毛、剥漆、开线、脱线、起翘、脱浆、磕损、撕裂、织补、跳丝、土蚀、破孔、焦脆、泛黄、字损、字迹模糊、凹磕、火烧洞、烟熏、钉孔、胶粘。

完残状况举例：

残破 凡馆藏文物的现状局部破损，但不影响馆藏文物整个构体和内容的完整，可写残破，如破洞（指局部破损、破处较大者）、破孔（指局部破损、破处较小者）、裂口（裂缝已裂开）、裂纹（裂缝未裂开）、磨损（摩擦受损）等。

残缺 凡馆藏文物的现状缺某个组成部分致使藏品构件和内容不完整者，可写残缺。写残缺时，应将残缺部件、部位和残缺数量写具体。

霉变 凡馆藏文物因受潮遭菌侵蚀而发生变化，可写霉变，如霉点（发霉有零散小点者）、霉斑（发霉已结成块、片者）、霉迹等。

皱褶 凡馆藏文物因收缩或人为的揉弄而形成的条纹，可写皱折（皱折痕迹凌乱者）、折痕（因折叠有所损伤的痕迹）。

污渍 凡馆藏文物被油、墨等沾染的污垢，可写污渍，如油污、墨污等。

脱浆、脱线 凡藏品装订处的糨糊失去黏性或装订线断、接缝脱开者，可写脱浆、脱线等。

生锈 凡金属质地馆藏文物因氧化生锈，如铜锈、铁锈、腐蚀（氧化腐蚀较重者）等。

褪色　凡馆藏文物年久颜色变浅者，写褪色。

焦脆　凡馆藏文物年久变硬发脆者，写焦脆。

三国吴　青瓷羊烛台

十二　入藏时间

94. 如何正确填写入藏时间？

答：入藏时间是入藏文物被现收藏单位接收入藏的日期。博物馆的入藏时间即《入馆凭证》记载的日期。如果信息不详，不能确定入馆时间，可以登记入库的时间为入馆时间，即总登记账或辅助账登记的日期，包括年月日信息。

东汉　铜奔马

十三　文物图片与文物摄影

95. 需要上传多少张图片？

答：图片数量不限，至少保证 1 张正视图，否则在普查登录系统中无法上报。

96. 图片的格式是什么？

答：本次普查要求提交的图片格式为 JPG。

97. 图片的大小是多少？

答：本次普查要求新拍摄的图片单张数据量不低于 2M。先前已大批量拍摄的 1M 以上、2M 以下的，可批量导入普查登录系统。

98. 拍摄文物的背景纸如何选择？

答：一般使用单色，如灰色、黑色、白色。

99. 如何表示图片的拍摄角度？

答：拍摄角度用英文大写字母表示：A 表示正视图，B 表示俯视图，C 表示侧视图，D 表示全景图，E 表示局部图，F 表示底部图。

100. 如何标示图片顺序号？

答：同一藏品图片类型中按顺序号排列，不同类型图片重新按顺序编号，顺序号均采用半角阿拉伯数字。

101. 如何命名本地保存的图片？

答：本地保存的藏品图片文件的命名形式为：藏品编号＋拍摄角度＋图片顺序号。每件文物所拍全部图片存入一个文件夹，文件夹的名字即为藏品编号。

102. 古籍图书、档案文书、平面书画、丝毛棉麻等是否可以用扫描仪？

答：古籍图书、档案文书、平面书画、丝毛棉麻等可以使用专业平面扫描仪扫描，但应注意文物安全，不可伤损藏品。

103. 拍摄时如何摆放文物？

答：文物的摆放必须符合文物本身的功能和原来的使用状态。如：矛应朝上；斧的刃部朝下；戈要横放；有文字的要摆正。小玉件要看图案和使用的情况来摆放。

104. 如何拍摄平面藏品？

答：每件平面藏品必须拍摄全景图像一张，尽量用一幅画面记录完整文物。如无法在一张图片中记录全形的，每分段以独立的图片编号标明，画面重合部分不小于画面长或宽度的1/4，拼合后的图片数据给予一个新的图片编号。有铭文、款识等附加信息的平面藏品要加拍相关图片，如有特殊的装裱形式亦应对其做图片记录。

105. 如何拍摄立体藏品？

答：拍摄立体藏品（如陶瓶、陶罐）选用中焦距镜头，以避免透视畸变。恰当的拍摄角度，恰当的布光，主体突出，背景干净。

106. 如何拍摄扁平形藏品？

答：对扁平形藏品，一般拍摄正、反两面，如有边沿上的特殊信息，加拍边沿图片。

107. 如何拍摄组套藏品？

答：对没有独立编号的成套藏品应拍摄组套图像，并分别加拍单件文物的全形图像。拍摄组套图像时，摆放要合理，画面要均衡，所有组件应都能看到。布光时，要使所有组件都获得恰当的光照，要使所有组件都在清晰范围内。

108. 如何拍摄书画类藏品的封套？

答：对于具有重要意义的封套等包装，也应拍摄；可俯拍，能够表现出其基本结构和状态即可。

109. 如何拍摄民族服饰？

答：拍摄民族服饰，与拍摄古代服饰相类似。一般平铺展开，或在确保文物安全的前提下，使用支架把衣服架起来，总之要使衣服的样式、结构呈现出来。一般使用较为平均的布光，注意灯具不能离藏品过近。

110. 如何拍摄铜镜？

答：拍摄铜镜，与其他扁平藏品类似。一般俯拍，镜头要垂直对正。布光时应使铜镜上的纹饰的立体感呈现出来，同时整体照度均衡。

111. 不同质地的藏品对光线的要求有哪些不同？

答：一般情况，器表较粗糙的陶器、铜器，

光线可稍硬一些；器表细腻光滑的瓷器等，光线可柔和一些；纸本、绢本的书画类藏品，光线可较为柔和、均匀。

112. 拍摄中如何注意安全？

答：拍摄时必须遵守相关规范，确保安全。应安排专业适岗工作人员操作，严格遵守操作规程，保证人员和藏品的安全。

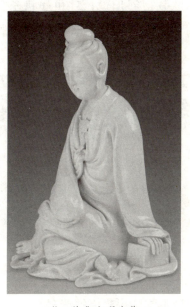

明　德化窑观音像

附一：大型博物馆摄影设备建议

大型博物馆可配置 U 形文物摄影无缝光房。例如，光房由巴赫导轨系统、瑞士爱玲珑灯光系统、1.92 亿像素数码后背仙娜大画幅专业相机、重型相机脚架、苹果图片处理工作站组成，适用于大型器物的拍摄，灯箱导轨系统可通过遥控器调节，数码后背直接连接到电脑上进行取景对焦。如图 1：

图 1　无缝光房全景

一、U 形文物摄影无缝光房

1. 根据规划设计图，在通风管需要移动位

置，修改到标识位置。楼顶较低，无须吊顶。整个场地使用18%黑色涂料涂匀。地面使用灰色亚光地坪漆作平即可。（见图2）

图2 打造无缝光房根据规划设计图通风管进行修改

2. 天花顶大型灯箱/轨道系统（控制大面积光源）。

整个摄影区的高度4米以上，不低于3.5米。通风管、消防管尽量安装在导轨安装区的四周或者横梁以上。总体原则，保证导轨安装区足够高度，以便前后上下移动。

日常照明可安装在天花板顶部或是导轨安装区边缘，无特别要求，数量根据摄影室面积来定。（见图3、图4）

二、摄影棚使用

1. 大型文物或一组文物放置在无缝光房地

图 3　直径三米的转盘

图 4　天花板上电动遥控装置

面上；

2. 相机上装上触发器，取景电脑上插入 usb
发射器；

3. 灯箱功率大小通过软件 EL Skyport（见图
5）进行调节；

4. 反光板的位置可通过电动遥控进行调节

（见图6）；

5. 如仙娜大画幅相机数码后背连接电脑，用软件 SinarCaptureFlowStudio 打开，进行取景对焦（见图7）；

6. 正式拍摄之前可以用灰卡作为参照物进行调校色彩平衡。

图5　软件 EL Skyport 页面

图6　摄影师正在布光

图 7 数码后背与电脑相连，在软件
SinarCaptureFlowStudio 中取景拍摄

图 8 拍摄效果图，所见即所拍

附二：中小型博物馆摄影设备建议

中、小型博物馆可使用可移动摄影棚。

一、影棚设置

1. 空间：有一个约 10 平方米的空间，关闭照明光源，拉上窗户窗帘，保持空间黑暗（有些不可避免的弱光线可以忽略不计）。比如在一个几百平方米的库房里一角搭个棚子，只要保证棚子四周照明关掉即可；如有条件可以在棚子四周做个黑色或灰色拉帘。

2. 设备：135 单反相机或中画幅数码相机一台，根据需要配备 24 ~ 70mm，70 ~ 200mm，60mm 或 105mm 微距镜头；

3. 光源：一组三至五盏闪光灯，配合引闪器。

4. 背景：灰色背景卷纸（可根据需要任意裁剪）。

5. 脚架：专业三脚架。

6. 拍摄台：一定要稳而结实的台子，定做的桌子或者专业摄影静物拍摄台都可。

7. 图片处理工作站：进行图片的录入，后期处理工作。

8. 文物安全：在拍摄文物时应胆大心细，轻拿轻放，请文物保管员配合文物多面的采集。

图 9　可移动摄影棚

二、数码相机设置

1. 相机调 M 档，安装无线引闪器在相机热靴上；

2. ISO 设置为 100；

3. 闪光灯安全快门速度为 1/125；

4. 可配置快门线减少相机震动；

5. 图片格式设置最大。

三、拍摄文物

1. 平面文物拍摄

书画、刺绣、丝巾等平面馆藏文物拍摄全景图片一张，无法一张影像记录全形的要分段进行拍摄，做好编号记录后期用软件拼合。书画拍摄时，可做一面吸板墙，用吸条压住书画，以保证画面无畸变。或将字画平铺在地面上，相机位于正上方俯拍。

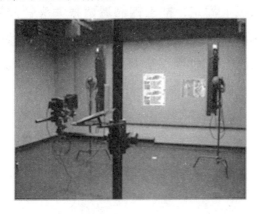

2. 立体文物拍摄

①角度：正面造型、底款、内饰铭文拍摄，对有不同纹饰的各个面都应进行正面拍摄。

②大小：被摄文物应尽量充满画面。

③背景：根据器物色彩选择不同灰度的背

景纸进行拍摄。

④小件器物在拍摄台上拍摄；如重型或大型器物，必须在承重量大的桌子上拍摄。

⑤在保证文物安全的前提下，追求文物拍摄效果，可以多运用小道具。

如拍摄玉镯，我们通常在拍摄台上放置一块硬而厚的泡沫板，在泡沫板上面铺上背景纸或者黑色绸布，用两根大头针透过背景纸插在泡沫板上固定，把玉镯靠着两根大头针放置，为保证稳定，在玉镯与背景纸接触面上放置一小块波士胶固定，这时摄影师便可以按动快门拍下器物影像。

附三：简易条件下的摄影设备建议

一、简易影棚所需配件

1. 单反数码相机一台，根据需要配以 24 ~ 70mm、70 ~ 200mm、60mm 微距、105mm 微距镜头；专业摄影脚架一副。

2. $2 \times 2 \times 2m$ 可移动光房：光房四面用 $2 \times 1m$ 的白色摄影柔光布环绕，其中前面用剪刀剖开一道口用以放置相机镜头；支架用 2 组专业摄影背景架搭建，中间用 4 根背景架横梁连接。

3. 光源：2 组冷光源专业摄影灯光架在光房左右两面。

4. 背景布：需要两种规格（$1 \times 10m$ 卷纸及 $1.7 \times 10m$ 卷纸），全部为浅灰色。

5. 桌子：一张，用来放置被拍文物，以结实为好。

搭建效果如下页图：

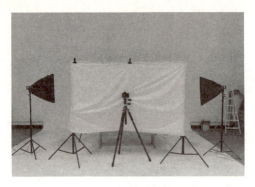

图一：搭建效果图

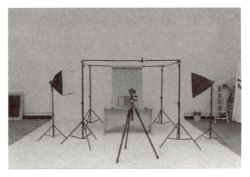

图二：去除柔光布的内景搭建图

二、光源位置摆放

1. 普通物件光源摆设标准位置示例图

对于一般被拍摄物体，两个灯光摆放在前方左右45°角照射被拍摄物体。

2. 表面光滑物件光源摆设示例图

对于表面光滑的物体，两个光源摆放在左右正对被拍摄体。

3. 拍摄瓷器玻璃等反光强烈物件灯光摆放示意图

对于瓷器玻璃等反光强烈物体，光源摆放

在被拍摄物体左右侧后位置。

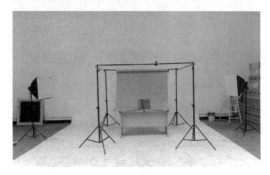

三、相机的设置

参照不同的相机设置方式，摄影系统基本设置方式如下：

1. 相机曝光放在"A/M"档上；

2. 光圈设置为"F16"；

3. 白平衡设置为"自动"；

4. ISO 放在 800 上；

5. 曝光补偿放在 0 上；

6. 曝光时可用快门线或自拍设置，以减少震动；

7. 最好用自动对焦；

8. 图像大小原则上尽可能用大像素。

四、拍摄文物的基本分类

（一）基本分类

按文物的性质可分为如下三类：

第一类，金银、铜铁、陶泥、雕塑、造像、标本、化石、交通运输工具、度量衡器、玺印、徽章、文具、乐器；

第二类，瓷器、砖瓦、宝玉石器、珐琅器、玻璃器、音像制品；

第三类，绘画、书法、拓片、纺织绣品、货币、文献图书、证件、邮品、票据、皮革。

按文物大小分类：

大件：大于80cm

中件：大于20cm，小于80cm

小件：大于10cm，小于20cm

小微：小于10cm

文物拍摄所选择镜头：

大件：24～70mm

中件：70～200mm

小件：60mm 微距

微距小微：105mm 微距

（二）拍摄细则

第一类：金银器拍摄细则（铜铁器、陶泥、砖瓦）

拍摄 \ 文物	大件	中件	小件	小微
镜头（mm）	24～70	70～200	60 微距	105 微距
灯光	连续光源	连续光源	连续光源	连续光源
背景	灰	灰	灰	灰
相机设置	光圈优先 f16	光圈优先 f16	光圈优先 f16	光圈优先 f16
白平衡	自动	自动	自动	自动
脚架	用脚架	用脚架	用脚架	用脚架

第二类：瓷器、玻璃器拍摄细则

拍摄 \ 文物	大件	中件	小件	小微
镜头（mm）	24～70	70～200	70～200	105 微距
灯光	灯光离光房 2 米	灯光离光房 1 米	灯光离光房 1 米	灯光离光房 0 米
背景	灰	灰	灰	灰
相机设置	光圈优先 f16	光圈优先 f16	光圈优先 f16	光圈优先 f16
白平衡	自动	自动	自动	自动
脚架	用脚架	用脚架	用脚架	用脚架

第三类：绘画书法拍摄细则（票据、邮品、文献图片、证件、书画作品、纺织品、拓片）

文物 拍摄	大件	中件	小件
镜头（mm）	24～70	70～200	70～200
灯光	左右布光	左右布光	左右布光
背景	灰	灰	灰
相机设置	光圈优先 f11	光圈优先 f11	光圈优先 f11
白平衡	自动	自动	自动
脚架	用脚架	用脚架	用脚架

五、拍摄注意事项

1. 摄影系统应该搭建在日光越少的地方越好，若有窗户的请遮盖窗口，室内照明灯会影响拍摄效果，请务必关闭照明灯进行拍照。另外结实的脚架非常重要，由于快门的曝光有时候可能会长达几秒，有条件的话可以考虑用一条快门线控制相机以减少快门的抖动。

2. 大件小件分类拍摄，切勿混合拍摄（见P63）。相机尼康、佳能、索尼等单反相机均可。背景纸用浅灰 2.7 米背景纸，一锯为二，一边为

1 米，一边为 1.7 米（1.7 米照大件，1 米照小件）

3. 冷光源为日光型荧光灯，柔光罩、灯架支架，光源输出功率建议为全功率输出，两边均等。

4. 拍摄所用桌子为结实的办公桌或其他桌子即可，桌子尽量靠后墙，桌子可以在光室内前后移动，以便适应大小件拍摄的需要，原则上相机机位少动。柔光布镜头挖孔大小可略大一些，也可以在柔光布上开一条上下缝隙，能让相机上下移动调整拍摄。

5. 此光室最大特点是，眼睛所看到的效果即是拍摄的最终效果，所以拍摄者可以根据实际情况和创意概念自行调整。

6. 字画的拍摄：字画应平躺于地上，让相机于正上方俯拍，所以需要一个高脚架。

附四：高清文物扫描复制设置建议

一、扫描阶段

（一）扫描设备

以德国 CRUSE 高清晰数码输入扫描机（规格型号：295ST－1100 REPRO－DECOR）为例：

1. 传统线扫描输入同数码照相的有机结合，专用于文物表面材质的效果输入；

2. 多种不同的灯光组合呈现出想得到的效果（有前后左右4个灯随意组合）；

3. 可变分辨率输入；

4. 在全输入范围内高分辨率和一致的质量与清晰度；

5. 金色及银色等专色输入；

6. 专用光源；

7. 支持全线色彩管理系统。

（二）基本数据设置

1. 一般采用的分辨率为600dpi，避免以后的重复扫描，减少藏品的进出库次数。

2. 扫描环境在闭合遮光的室内，确保画质颜色的准确性。

3. 一般平面书画或者纸质藏品，采取双灯模式，目的是保证画面的准确性；油画或者有质感的丝毛棉麻等藏品，采用单灯模式，目的是可以突出藏品的质感或者立体感。

4. 对于少数藏品，在条件允许的前提下，可以采用吸风功能以达到画面的平整，目的是可以保证画面的真实性，也可以方便一些需要拼接的几张图片。

二、高清复制打印阶段

以可采用 EPSON Stylus pro9910 大幅面喷墨打印机为例，基本参数设置如下：

1. 最大打印幅宽：44 英寸/1118 毫米。

2. 打印头：双微压电打印头（TFPTM 微压电打印头提升质量和效率）。

3. 最高分辨率：2880 × 1440dpi（智能墨滴变换技术）。

4. 最小墨滴尺寸：3.5pl（微微升）；

5. 墨水：11 色爱普生"活的色彩 HDR TM"颜料墨水。

6. 颜色：青色、鲜洋红、黄、淡青、淡鲜洋红、淡黑、淡淡黑、照片黑、粗面黑、橙、绿。

7. 机械打印速度最快可达 37 秒/A1。

8. 打印介质：普通纸、高质量喷墨普通纸、亮白喷墨纸、T 恤转印纸、照片质量喷墨纸、照片质量喷墨卡、照片质量背胶纸、双面粗面纸、重磅粗面纸、高质量光泽照片纸、高质量亚光照片纸、光泽照片纸、经济照片纸、照片纸、妙妙贴纸或含有背胶的宣纸、绢以及油画布。

三、图片处理阶段

（一）图片处理工作站设备

以戴尔（Dell T5500）处理工作站、艺卓（EIZO ColorEdge CG 243W）显示器为例，显示

器参数设置：

1. 屏幕尺寸：24.1 英寸；

2. 最佳分辨率：1920x1200dpi；

3. 面板类型：IPS；

4. 背光类型：CCFL 背光；

5. 动态对比度：850：1；

6. 黑白响应时间：13ms；

7. 亮度：270cd/㎡；

8. 可视角度：178/178°；

9. 输入端口：DVI－I，Displayport；

10. 屏幕比例：16：10（宽屏）。

（二）图片色彩处理设备以及色彩管理

1. 用 EFI Frief XF4.5 色彩管理软件制作输出设备的基础线性化（所用器材爱色丽 i1 basic 分光密度仪）。

2. 制作打印机 ICC Profile。

3. 用 Photoshop 经行色彩微调并打印小样比较。

4. 用 Photoshop 经行色彩微调并打印小样，待颜色标准后即可直接打印。

规范文件

馆藏文物登录规范（WW/T 0017—2013）

前言

本标准依据 GB/T 1.1—2009 给出的规则起草。

本标准是对 WW/T 0017—2008《馆藏文物登录规范》的修订，并代替和废止 WW/T 0017—2008《馆藏文物登录规范》。本标准规定了馆藏文物登录的主要信息、登录的流程、登录的相关文档，本标准与 WW/T 0017—2008《馆藏文物登录规范》相比主要技术变化如下：

——充实了馆藏文物登录的主要信息，包括馆藏文物基本信息、馆藏文物管理信息、馆藏文物影像信息的登录内容，并提出相应的登录要求。

——修订、完善了馆藏文物登录流程的部分内容。

本标准由中华人民共和国国家文物局提出。

本标准由全国文物保护标准化技术委员会

（SAC/TC289）归口。

本标准起草单位：秦始皇兵马俑博物馆、首都博物馆。

本标准主要起草人：武俊玲、金瑞国、赵昆、邢鹏、刘丞、马生涛、叶晔。

本标准代替和废止 WW/T 0017—2008。

WW/T 0017 的历次版本发布情况为：

——WW/T 0017—2008。

1 范围

本标准规定了馆藏文物登录的主要信息、馆藏文物登录流程和所需相关文档（包括纸质文档和电子文档）的基本内容和填写要求。

本标准适用于文物收藏单位的文物登录工作。

2 规范性引用文件

下列文件对于本文件的应用是必不可少的。凡是注日期的引用文件，仅注日期的版本适用于本文件。凡是不注日期的引用文件，其最新版本（包括所有的修改单）适用于本文件。

GB/T 7408　数据元和交换格式　信息交换

日期和时间表示法

WW/T 0020 文物藏品档案规范

3 术语和定义

WW/T 0020 中确立的以及下列术语和定义适用于本文件。

3.1 馆藏文物 cultural relics in the collection of cultural institutions

由文物收藏单位正式入藏并登记入账的文物。

3.2 馆藏文物登录 registration of cultural relics in the collection of cultural institutions

对馆藏文物进行鉴定、登记、管理、备案、维护及相关信息记录的过程。

3.3 博物馆藏品总登记账（文物） general accounts of cultural relics in the collection of cultural institutions

用来记录收藏单位所有馆藏文物的账目，是国家科学、文化财产账。

3.4 馆藏文物分类账 ledger of cultural relics in the collection of cultural institutions

根据文物收藏单位藏品分类的具体情况，

按照不同类别和分库管理的状况，分别建立的账册。

3.5 馆藏文物编目 **catalog of cultural relics in the collection of cultural institutions**

对馆藏文物各种基本信息进行详细登记的过程。

4 馆藏文物登录的主要信息

4.1 概述

馆藏文物登录的主要信息包括：馆藏文物基本信息；馆藏文物管理信息；馆藏文物影像信息。

4.2 馆藏文物基本信息

其基本内容应包括：

a）总登记号；

b）名称（含原名）；

c）年代；

d）质地；

e）类别；

f）数量；

g）尺寸；

h）质量；

i) 级别；

j) 来源；

k) 完残状况；

l) 保存状态；

m) 入馆日期。

填写方法见附录 A。

4.3　馆藏文物管理信息

其基本内容应包括：

a) 保管信息；

b) 基本情况；

c) 鉴定信息；

d) 考古发掘信息；

e) 来源信息；

f) 流传经历；

g) 损坏记录；

h) 移动记录；

i) 修复记录；

j) 展览信息；

k) 著录信息；

l) 收藏单位信息；

m) 其他信息。

填写方法参见附录 B。

4.4　馆藏文物影像信息

4.4.1　概述

具体内容包括：馆藏文物影像基本信息、影像采集工作的信息。馆藏文物（含相关附属物）登记入库时的正视图照片至少 1 张，其他图片类型的照片数量不限。

填写方法见附录 C。

4.4.2　馆藏文物影像基本信息

其基本内容应包括：

a）收藏单位代码；

b）总登记号；

c）图片类型；

d）图片顺序号。

4.4.3　影像采集工作的信息

其基本内容应包括：

a）拍摄单位；

b）拍摄地点；

c）拍摄日期；

d）拍摄人。

5　馆藏文物登录流程

5.1　由本单位或省级文物行政部门组织有关人员对馆藏文物进行鉴定，并填写《文物鉴定表》。填写《入馆凭证》。

5.2　馆藏文物影像资料采集，包括拍摄照片、绘图、拓片等。

5.3　馆藏文物编目，填写《馆藏文物编目卡》。

5.4　填写《博物馆藏品总登记账（文物)》。

5.5　填写《馆藏文物分类账》。

5.6　填写《藏品档案》。并按照 WW/T 0020 建立文物档案，按照规定进行备案。对藏品的历史档案、历史账册等均应妥善保管。

5.7　将发生变更的文物信息记录更新到文物档案中，同时将发生变更的文物信息记录到《博物馆藏品总登记账（文物)》、《馆藏文物分类账》、其他辅助账册及相关的信息数字化文档中。

6 馆藏文物登录的相关文档

6.1 概述

馆藏文物登录工作中应填写的文档，包括《文物鉴定表》；《入馆凭证》；《馆藏文物编目卡》；《博物馆藏品总登记账（文物)》；《馆藏文物分类账》；其他辅助账册；《藏品档案》。

6.2 《文物鉴定表》

记录文物的鉴定信息。其基本内容应包括：

a）原编号；

b）名称；

c）年代；

d）数量；

e）尺寸；

f）质量；

g）质地；

h）完残状况；

i）来源；

j）级别；

k）鉴定单位；

l）鉴定人；

m）鉴定意见；

n) 鉴定日期。

6.3 《入馆凭证》

记录馆藏文物入馆时的详细信息。其基本内容应包括：

a) 原编号；

b) 总登记号；

c) 分类号（或其他辅助账号）；

d) 名称；

e) 年代；

f) 数量；

g) 尺寸；

h) 质量；

i) 质地；

j) 完残状况；

k) 来源；

l) 级别；

m) 文物移交方和接收方签字；

n) 入馆日期。

6.4 《馆藏文物编目卡》

对馆藏文物进行编目时填写的记录文物藏品信息的卡片。其基本内容应包括：

a) 原编号；

b) 入馆凭证号；

c) 总登记号；

d) 分类号（或其他辅助账号）；

e) 名称；

f) 年代；

g) 数量；

h) 尺寸；

i) 质量；

j) 质地；

k) 完残状况；

l) 来源；

m) 级别；

n) 形态特征；

o) 题识情况；

p) 流传经历；

q) 鉴定单位；

r) 鉴定意见；

s) 鉴定人；

t) 文物照片；

u) 制卡人（签字）；

v) 制卡日期。

6.5 《博物馆藏品总登记账（文物）》

其基本内容应包括：

a) 登记日期；

b) 总登记号；

c) 分类号；

d) 名称；

e) 时代；

f) 数量；

g) 尺寸、质量；

h) 质地；

i) 完残状况；

j) 来源；

k) 入馆凭证号；

l) 注销凭证号；

m) 级别；

n) 备注；

o) 账册页码。

6.6 《馆藏文物分类账》

对馆藏文物的分类管理账。其基本内容应包括：

a) 登记日期；

b) 总登记号；

c) 分类号；

d) 名称；

e) 年代；

f) 数量；

g) 尺寸；

h) 质量；

i) 质地；

j) 完残状况；

k) 来源；

l) 级别；

m) 库房（库区）名称及编号；

n) 保存位置；

o) 备注。

6.7　其他辅助账册

包括：文物的历史账册、文物流水账册等。

6.8　《藏品档案》

记录与藏品相关的各类详细信息。

附　录　A

（规范性附录）

馆藏文物基本信息登录说明

A.1　总登记号

总登记号指馆藏文物在现收藏单位《博物馆藏品总登记账（文物)》上的登记号。

总登记号一件（套）一号。总登记号一经确定即永久使用，不能更改和重复使用，馆藏文物注销后原总登记号仍应保留。

总登记号应用小字清晰地标写在馆藏文物上，书写位置以不妨碍观瞻和不易摩擦为宜；不宜直接书写的馆藏文物，应贴、挂编号标签，标签贴挂应确保牢固，避免遗失。

如此号中有冒号、逗号、正反斜杠、星号、问号、各种括号、竖杠等特殊符号，输入电子计算机时必须输入为全角。

A.2　类别

类别包括：玉石器、宝石；陶器；瓷器；铜器；金银器；铁器、其他金属器；漆器；雕塑、造像；石器、石刻、砖瓦；书法、绘画；文具；甲骨；玺印符牌；钱币；牙骨角器；竹木雕；家具；珐琅器；织绣；古籍善本；碑帖拓本；武器；邮品；文件、宣传品；档案文书；名人遗物；玻璃器；乐器、法器；皮革；音像制品；票据；交通、运输工具；度量衡器；标本、化石；其他。

每件馆藏文物只选择并登录一种类别。

类别选择时如有交叉，应按以质地为主、兼顾功用的原则进行选择。复合或组合质地的文物，以其主体或主要质地选择类别。

具有科学价值的古脊椎动物及古人类化石，按照"标本、化石"类别登录。

参见附录 D。

A.3 名称（含原名）

A.3.1 名称

经审核认定的馆藏文物科学、准确、规范的名称。

名称含时期年代、作者、产地、工艺技法、文饰题材、质地、器形等特征内容。

定名规则参照 WW/T 0020。自然标本定名参见相关学科国际命名法规。

参见附录 E。

A. 3. 2　原名

馆藏文物在现收藏单位《博物馆藏品总登记账（文物）》上的原有名称。

A. 4　年代

A. 4. 1　年代类型

分为：制造年代、使用年代、形成年代、生存年代。兼有两种及两种以上年代类型者填写一种主要年代类型。

制造年代：指馆藏文物的最初制作时间。

WW/T 0017—2013

使用年代：指馆藏文物的实际使用时间。

形成年代：指岩矿标本的最后形成时间。

生存年代：指古生物、植物、动物类标本的存活年代。

A. 4. 2　年代表示方式

分为：公历纪年、地质年代、考古学年代、中国历史学年代、帝王纪年、其他纪年（如外国纪年，历史事件纪年等）。

A.4.3 具体年代

经审核认定的馆藏文物本体的时间信息。

"具体年代"应与"年代类型"、"年代表示方法"相对应。

示例1：公历纪年：1921 年 7 月 23 日

示例2：地质年代：早更新世

示例3：考古学年代：新石器时代

示例4：中国历史学年代：清

示例5：帝王纪年：清乾隆六十年

示例6：外国纪年：日本明治四十二年九月

示例7：历史事件纪年：抗日战争时期

参见附录 F。

A.5 质地

A.5.1 质地类别

分为：单一质地、复合或组合质地。

单一质地分无机质、有机质。无机质分非金属材料、金属材料。有机质分植物质材料、动物质材料和其他有机质材料。

复合或组合质地指由两种或两种以上不同性质的材料，通过物理或化学的方法，在宏观上组成具有新性能的材料。分无机复合或组合质地、有机复合或组合质地、有机无机复合或组合质地。

A.5.2 具体质地

构成馆藏文物主体的物质材质。如系多种材质复合或组合而成，应写明主要材质。

A.6 数量

根据构成馆藏文物基本物质的自然属性和所形成的社会属性，区分和统计馆藏文物数量。以件为计量单位。输入计算机时必须填写为半角阿拉伯数字。

成套馆藏文物分为实际数量和传统数量两种：组成部分可以独立存在的，按个体编号计件（实际数量）；组成部分不能独立存在的，整体编一个号，每个部分列分号，按一件（套）计算，在实际数量栏内注明整套馆藏文物的实际数量。

示例1：名称　　　　件（套）数　　件数

　　　　清代花盆底鞋　　1　　　　2只

示例2：名称　　　　件（套）数　　件数

　　　　清平定

　　　　准噶尔方略

一百七十二卷	1	100 册

示例3： 名称　　　　件（套）数　　件数

　　　明嵌宝石龙纹

　　　带盖金执壶　　　　1　　　　1 件

A.7　尺寸

对馆藏文物进行测量所得到的数据。

以厘米作为计量基本单位，精确到小数点后 1 位。超过 100 厘米的可采用米为单位计量，精确到小数点后 2 位。

单体馆藏文物测量方法：平面型馆藏文物顺序测量长和宽，圆形测量直径。立体型馆藏文物顺序测量长、宽、高；圆面馆藏文物测量自外沿量起的直径。复杂形体馆藏文物按照陈列状态测量最大长、宽、高。绘画、书法馆藏文物测量画心尺寸，以"纵"、"横"表示。

成套馆藏文物测量方法：成套馆藏文物中组成部分规格基本一致的，按单体馆藏文物测量方法测量最大一件单体；组成部分大小不一致的，按单体馆藏文物测量方法分别测量各个单体尺寸。

A.8 质量

对馆藏文物进行称重所得到的数据。

同一总登记号的多个单体馆藏文物应填写各个单体质量的总和。文物的质量一律不包括附件的质量。

以千克为计量基本单位，精确到小数点后3位。

A.9 级别

经审核认定的馆藏文物的级别。

分为：一级文物、二级文物、三级文物、一般文物。

参见《文物藏品定级标准》，《近现代一级文物藏品定级标准（试行）》。

A.10 来源

A.10.1 来源方式

现收藏单位获得馆藏文物的行为方式，主要包括：购买；接受捐赠；依法交换；法律、行政法规规定的其他方式；通过文物行政部门指定保管或者调拨方式取得文物（如拨交、移交）；其他（如旧藏、考古发掘、采集、拣选）。

A. 10. 2 来源单位（或个人）

现收藏单位获得馆藏文物的来源单位名称或个人姓名。

来源方式为"购买"的，是指以有偿形式取得所有权的文物，来源单位（或个人）是指原所有权单位或所有权人。

来源方式为"接受捐赠"的，是指以无偿或奖励形式取得所有权的文物，来源单位（或个人）是指原捐赠单位或捐赠人。

来源方式为"依法交换"的，是指国有文物收藏单位之间依据相关程序交换的文物，来源单位是指与本收藏单位交换文物的单位。

来源方式为"拨交"的，是指通过行政手段变更使用权或保管权的文物，来源单位是指原拨交单位。

来源方式为"移交"的，是指公安、海关、工商等执法部门移交罚没的文物，来源单位是指原移交部门。

来源方式为"旧藏"的，是指收藏单位继承的历史上原有的收藏并保存至今的文物。

来源方式为"考古发掘"的，是指经正式

考古发掘出土（水）的文物，来源单位是指进行考古发掘的单位。

来源方式为"采集"的，是指捡拾上交的文物，来源单位（或个人）是指捡拾文物的单位（或人员姓名）。

来源方式为"拣选"的，是指银行、冶炼厂、造纸厂及物资回收部门将拣选的文物移交给主管部门指定的文物收藏单位，来源单位是指原移交文物的单位。

A.11　完残状况

对单件馆藏文物和成套馆藏文物完残情况的具体描述。

参见附录 G。

A.12　保存状态

按馆藏文物的实际情况进行保存状态的选择。可以分为：状态稳定，不需修复；部分损腐，需要修复；腐蚀损毁严重，急需修复。

A.13　入馆日期

馆藏文物被现收藏单位接收入馆的日期，即《入馆凭证》记载的日期。

日期表示方式见 GB/T 7408。

附 录 B

（资料性附录）

馆藏文物管理信息登录说明

B.1 保管信息

B.1.1 说明

保管信息是现收藏单位进行馆藏文物管理工作的相关信息。

B.1.2 总登记号

总登记号指馆藏文物在现收藏单位《博物馆藏品总登记账（文物）》上的登记号。

如此号中有冒号、逗号、正反斜杠、星号、问号、各种括号、竖杠等特殊符号，输入电子计算机时必须输入为全角。

B.1.3 原编号

入藏现收藏单位之前，历次收藏单位给予馆藏文物的编号。

B.1.4 库房责任人

馆藏文物库房的责任保管员姓名。

B.1.5 入库日期

馆藏文物被现收藏单位登记入库的日期，即《博物馆藏品总登记账（文物）》登记的日期。

日期表示方式见 GB/T 7408。

B.1.6 库房（库区）名称及编号

保管馆藏文物的库区和库房的名称及编号。

B.1.7 保存位置

馆藏文物在库房中的存放位置。包括柜架的编号、柜架内层位的编号等信息。

B.1.8 保管适宜温度

根据馆藏文物质地类别所确定的最适宜保管的温度。

B.1.9 保管适宜相对湿度

根据馆藏文物质地类别所确定的最适宜保管的相对湿度。

B.1.10 保管注意事项

在保管工作中需要特殊注意的事项，如防虫、防腐措施等。

B.1.11 备注

其他需要记录并在保管及使用工作中注意

的事项。

B.2 基本情况

B.2.1 说明

对馆藏文物本体信息的描述。

B.2.2 生产制造信息

包括：生产制造（出版）时间；地点；工艺；生产制造（出版）单位；制造人（作者）等。

B.2.3 文字信息

包括：馆藏文物中单体文物各部件及附件部分的文字信息；成套馆藏文物各组件的文字信息。

B.2.4 造型及图案信息

包括：造型情况（风格、样式、颜色、材质等）；图案情况（样式、位置等）等。

B.2.5 备注

其他需要描述的事项。

B.3 鉴定信息

B.3.1 说明

馆藏文物在本收藏单位进行的历次辨别真伪、确定年代、考证内涵、列举依据、评定价值、定名、定级的相关信息。

B.3.2　鉴定日期

馆藏文物被鉴定的日期。

日期表示方式见 GB/T 7408。

B.3.3　组织鉴定的单位

组织鉴定的单位全称。

B.3.4　鉴定单位

进行鉴定的单位全称。

B.3.5　鉴定人

鉴定人的姓名。

B.3.6　鉴定意见及鉴定结论

鉴定后，对该馆藏文物形成的鉴定意见或结论。

B.3.7　备注

其他需要记录的事项。

B.4　考古发掘信息

馆藏文物中凡涉及考古发掘出土（水）的，应当填写考古发掘信息。包括出土（水）时间、地点、位置以及考古发掘单位等。

B.5 来源信息

B.5.1 说明

现收藏单位取得馆藏文物的方式及相关信息的详细记录。

B.5.2 接受捐赠

馆藏文物被捐赠的相关信息，包括：捐赠时间；捐赠单位；捐赠人；接收单位；接收人等。

B.5.3 购买

馆藏文物购买的相关信息，包括：购买时间；购买地点；出让单位及人员；购买费用；接收单位等。

B.5.4 依法交换

依法交换的相关信息，包括：依法交换时间；出让单位；出让人；依法交换批准单位；接收单位等。

B.5.5 通过文物行政部门指定保管或者调拨方式取得文物（如拨交、移交）

拨交、移交等的相关信息，包括：拨交、移交时间；出让单位；出让人；拨交、移交批准单位；接收单位等。

B.5.6 其他

除以上来源方式之外的馆藏文物来源方式，包括：旧藏、考古发掘、采集、拣选等。

B.5.7 备注

其他需要记录的事项。

B.6 流传经历

B.6.1 说明

馆藏文物在不同收藏单位（收藏人）之间的收藏、保管经历。

B.6.2 时间

历次流传经历的具体起止日期。

日期表示方式见 GB/T 7408。

B.6.3 收藏单位

历次收藏单位全称。

B.6.4 收藏人

历次收藏人姓名。

B.6.5 备注

其他需要记录的事项。

B.7 损坏记录

B.7.1 说明

馆藏文物自然、人为损坏情况和相关信息。

B.7.2 损坏发生时间

损坏发生的日期。

日期表示方式见 GB/T 7408。

B.7.3 地点

损坏发生的具体地点全称。

B.7.4 损坏情况

损坏的具体情况，如损坏状况、受损程度等。

B.7.5 损坏原因

损坏发生的具体原因。

B.7.6 责任部门和责任人

人为损坏的责任人所在部门名称及其责任人姓名。

B.7.7 处理情况

馆藏文物处理情况和人员处理情况。

B.7.8 备注

其他需要记录的事项。

B.8 移动记录

B.8.1 说明

馆藏文物在现收藏单位除展览以外的所有移动情况和相关信息。

移动原因分为：移库、出库照相、观摩、修复、复制等。

其中因修复的移动，根据"B.9 修复记录"中要求详细填写。

B.8.2 移动时间

移动工作的起止日期。

日期表示方式见 GB/T 7408。

B.8.3 移动目标区域

移动的目的地及区域详细名称。

B.8.4 执行单位

移动的执行单位全称。

B.8.5 移动原因

移动的具体原因。

B.8.6 备注

其他需要记录的事项。

B.9 修复记录

B.9.1 说明

馆藏文物历次修复、保护情况及相关信息。

B.9.2 修复时间

修复工作的起止日期。

日期表示方式见 GB/T 7408。

B.9.3   承担单位

承担修复工作的单位全称。

B.9.4   修复人

参与修复工作的人员姓名。

B.9.5   修复地点

承担修复工作的单位开展修复工作的详细地址。

B.9.6   修复原因

开展修复工作的具体原因。

B.9.7   修复情况及结果

开展修复工作的详细情况及结果。

B.9.8   修复前、后对比照片

修复前和修复后的馆藏文物正面全形照片及修复部位的照片。

B.9.9   备注

其他需要记录的事项。

B.10   展览信息

B.10.1   说明

馆藏文物在收藏单位的展览情况及相关信息。

B. 10. 2 本收藏单位范围内的展览

馆藏文物在本收藏单位范围内的展览情况，包括：展览起止日期；展览名称等。

日期表示方式见 GB/T 7408。

B. 10. 3 国内展览

馆藏文物在国内其他地点展览的情况，包括：展览起止日期；展览名称；展览的组织单位；展览举办地点；承接展览单位；批准单位及文号。

日期表示方式见 GB/T 7408。

B. 10. 4 出国（境）展览

馆藏文物出国（境）展览的具体情况，包括：展览起止日期；展览名称；展览组织单位；展览举办国家、地点；承接展览单位；批准单位及文号。

日期表示方式见 GB/T 7408。

B. 10. 5 备注

其他需要记录的事项。

B. 11 著录信息

B. 11. 1 说明

主要记录馆藏文物相关信息的古籍、文献、

专著、期刊、图录、论文等。

B.11.2　著录（出版）时间

相关著录信息产生或出版的日期。

日期表示方式见 GB/T 7408。

B.11.3　出版单位及书名

出版馆藏文物著录信息的单位全称及相关著作或期刊全称。

B.11.4　作者

著录制作人姓名。

B.11.5　文章（章节）及页码

具体章节名称及页码数。

B.11.6　主要内容

著录的主要内容信息。

B.11.7　备注

其他需要记录的事项。

B.12　收藏单位信息

记录馆藏文物收藏单位的主要信息，如收藏单位基本情况；文物藏品概况；建档情况；保管情况。

B.13　其他信息

其他需要记录的文字、音像等信息。

附　录　C

（规范性附录）

馆藏文物影像信息登录说明

C.1　馆藏文物影像文件的命名规则

C.1.1　馆藏文物影像文件的命名形式

馆藏文物影像文件的命名形式为：收藏单位代码－总登记号－图片类型－图片顺序号。

各项之间用英文半角"－"分开。各项的顺序应固定，文件名中不应存在任何空格。

C.1.2　收藏单位代码

C.1.2.1　概述

收藏单位代码即地域和行业编码，用14位阿拉伯数字表示。为区分不同的单位，将编号设计为四部分：行政区划代码＋单位性质代码＋行业分类代码＋单位顺序号。

C.1.2.2　编号的命名规则

命名内容：行政区划代码＋单位性质代码＋行业分类代码＋单位顺序号。

命名长度：　　　　6位　　＋　　1位

	行政区划代码						单位性质代码	行业分类代码		单位顺序号				
长度	1	2	3	4	5	6	1	1	2	1	2	3	4	5

各项的顺序要固定，文件名中不应存在任何空格。无论任何原因，文件名中均不应存在中文字符。

C.1.2.3 行政区划代码

馆藏文物收藏单位所在地的行政区划号码，用6位阿拉伯数字表示。以国家统计局公布的最新《全国县及县以上行政区划代码表》为准。

C.1.2.4 单位性质代码

按表 C.1 所示内容选择后填写，用 1 位阿拉伯数字表示。

表 C.1 单位性质代码表

单位性质代码	单位性质
1	国家机关
2	事业单位
3	国有企业
4	人民解放军、武警部队

C. 1. 2. 5　行业性质代码

以馆藏文物收藏单位所属的行业分类为准，用2位阿拉伯数字表示。见表 C. 2 所示。

表 C. 2　行业性质代码表

代码	与《国民经济行业分类与代码》中"门类"的对应关系	行业名称
01	A	农、林、牧、渔业
02	B	采矿业
03	C	制造业
04	D	电力、热力、燃气及水生产和供应业
05	E	建筑业
06	F	批发和零售业
07	G	交通运输、仓储和邮政业
08	H	住宿和餐饮业
09	I	信息传输、软件和信息技术服务业

代码	与《国民经济行业分类与代码》中"门类"的对应关系	行业名称
10	J	金融业
11	K	房地产业
12	L	租赁和商务服务业
13	M	科学研究和技术服务业
14	N	水利、环境和公共设施管理业
15	O	居民服务、修理和其他服务业
16	P	教育
17	Q	卫生和社会工作
18	R	文化、体育和娱乐业
19	S	公共管理、社会保障和社会组织
20	T	国际组织

C.1.2.6 单位顺序号

由国家统一编制，用 5 位阿拉伯数字表示。从个位开始编号，不足 5 位的前面用"0"

补齐。

示例：

北京市西城区某博物馆

110102	2	18	00001
北京市西城区	事业单位	文化、体育和娱乐业	西城区的第1家

C.1.3　总登记号

总登记号有关要求见 B.1.2。

C.1.4　图片类型

包括馆藏文物的正视图；俯视图；侧视图；全景图；局部图；底部图等多种类型。

图片类型均采用英文大写字母表示：A 表示正视图，B 表示俯视图，C 表示侧视图，D 表示全景图，E 表示局部图，F 表示底部图。

C.1.5　图片顺序号

在同一图片类型中的图片顺序号码。

图片序号均采用半角阿拉伯数字。

示例：

北京市西城区某博物馆的收藏单位代码（地域和行业编码）为 11010221800001，收藏的总登记号为 58.31.1234 的馆藏文物，其格

式为. jpg的影像文件中正视图的第 1 张应命名
为：11010221800001 - 58. 31. 1234 - A - 1. jpg。

C. 2　影像文件采集工作的信息

包括：

a) 拍摄单位

　　拍摄馆藏文物影像文件的单位全称。

b) 拍摄地点

　　拍摄馆藏文物影像文件的单位进行拍摄
　　工作的详细地点。

c) 拍摄日期

　　拍摄馆藏文物影像文件的日期。

　　日期表示方式见 GB/T 7408。

d) 拍摄人

　　拍摄馆藏文物影像文件的人员姓名。

C. 3　馆藏文物影像的拍摄工作要求

C. 3. 1　立体馆藏文物拍摄工作要求

立体馆藏文物拍摄工作要求如下：

a) 每件独立编号的立体馆藏文物应以主要
　　代表面，拍摄全面图形一张，并拍摄正
　　视角度的顶面和底面图像各一张；

b) 对没有独立编号的成套馆藏文物应拍摄

组套图像，并加拍独件文物的全形图像；

c) 对具有花纹、附件、内壁铭文或其他特殊情况的立体馆藏文物各相应部位进行局部拍摄。对有不同花纹、铭文的各个面都应进行正面拍摄；

d) 对扁平型馆藏文物器物（如钱币）一般拍摄正、反两面，如有边沿上的特殊信息，加拍边沿影像；

e) 对具有连续花纹、内壁铭文或其他特殊情况的馆藏文物（如不规则形状的馆藏文物）每隔30°~45°拍一张；

f) 馆藏文物如附有图纸或拓片的应加拍相关资料的影像。

C.3.2 平面馆藏文物拍摄工作要求

平面馆藏文物拍摄工作要求如下：

a) 每件平面馆藏文物必须拍摄全景图像一张，尽量用一幅画面记录平面馆藏文物的影像；

b) 无法在一张影像中记录全形的，以分段拍摄形式记录时，相邻两个画面重合部

分不小于画面长或宽度的 1/4（每一分
段以独立的影像编号标明，拼合后的影
像数据给予一个全新的影像编号）；

c）对有铭文、款识等附加信息的平面馆藏
文物要加拍相关影像，如有特殊的装裱
形式亦应对其做影像记录（如宋画以明
代封套盛放，除对画心拍摄外，对装裱
部分亦应予以记录）。

C. 3. 3　拍摄技术规范

C. 3. 3. 1　立体馆藏文物拍摄要求

立体馆藏文物拍摄要求如下：

a）使用中长焦距镜头，避免透视畸变；

b）主体突出，背景干净，影像清晰，影调
丰富，质感明显；

c）为保证影像信息含量，被摄体应尽量充
满画面；

d）注意视点的选择，准确表现馆藏文物的
器形；

e）为了色彩还原的准确性，应尽量使用具
有标准色温的摄影专业灯具，在只能使
用现场光拍摄的情况下，应该保证相机

白平衡设定与拍摄光源的色温相一致；

f) 尽量选择所用相机最高画质、最高分辨率拍摄；

g) 仅有一幅影像时，要选取主要代表面。

C. 3. 3. 2 　平面馆藏文物拍摄要求

平面馆藏文物拍摄要求如下：

a) 布光均匀，画面内无明显亮度差别；

b) 拍摄平面与被摄物平面保持平行，保证画面无畸变；

c) 为了色彩还原的准确性，应尽量使用具有标准色温的摄影专业灯具，在只能使用现场光拍摄的情况下，应保证相机白平衡设定与拍摄光源的色温相一致；

d) 尽量选择所用相机最高画质、最高分辨率拍摄。

附 录 D

(资料性附录)

馆馆藏文物类别说明

D.1 馆藏文物各类别的内容及示例

馆藏文物各类别的内容及示例如表 D.1 所示。

表 D.1 馆藏文物各类别的内容及示例

序号	类别	内容及示例
1	玉石器、宝石	历代玉、翡翠、钻石、红宝石、蓝宝石、祖母绿、金绿猫眼、钻石、玛瑙、水晶、碧玺、青金石、石榴石、橄榄石、松石、琥珀、蜜蜡、珊瑚、珍珠等制品及原材。
2	陶器	历代陶制、泥制、三彩、紫砂、珐花、生坯、泥金饼、泥丸、陶范等的生产工具、生活用具及其他制品。
3	瓷器	历代瓷制的生产工具、生活用具及其他制品。

序号	类别	内容及示例
4	铜器	历代以铜为主要材质的生产工具、生活用具及其他制品（不包括钱币和雕塑造像）。
5	金银器	历代以金银为主要材质的生产工具、生活用具及其他制品（不包括钱币和雕塑造像）。
6	铁器、其他金属器	历代以除金、银和铜之外的铁器、其他金属为主要材质的生产工具、生活用具及其他制品（不包括钱币和雕塑造像）。
7	漆器	历代彩漆、填漆、雕漆等漆制品。
8	雕塑、造像	历代金属、玉、石、陶瓷、木、泥等各种质地的雕塑、造像。
9	石器、石刻、砖瓦	历代以石为主要材质的生产工具、生活用具及其他制品（不包括雕塑造像）。如武器、碑碣、墓志、经幢、题刻、画像石、棺椁、法帖原石等。历代城砖、画像砖、墓砖、空心砖、砖雕、影作、板瓦、筒瓦、瓦当等。

序号	类别	内容及示例
10	书法、绘画	各种书法作品。各种国画、油画、版画、素描、速写、帛画、宗教画、织绣画、连环画、贴画、漫画、剪纸、年画、民间美术平面作品等，包括刻版。
11	文具	历代笔、墨、纸、砚及其他文房用具。
12	甲骨	记录有价值的史料内容的龟甲、兽骨。
13	玺印符牌	历代金、银、铜、铁、石、牙、玉、瓷、木等各种质地的印章、符节、画押、封泥、印范、符牌等。
14	钱币	历代贝、铜、铁、金、银、纸币及钱范、钞版等。
15	牙骨角器	历代兽角骨、犀角、象牙、其他兽牙、玳瑁、砗磲、螺钿制品及原材等。
16	竹木雕	历代竹木雕制品。
17	家具	历代木制家具及精巧明器。

序号	类别	内容及示例
18	珐琅器	历代金属胎珐琅、瓷胎珐琅、玻璃胎珐琅等珐琅制品。
19	织绣	历代棉、麻、丝、毛制品，缂丝、刺绣、堆绫等。
20	古籍善本	历代写本、印本、稿本、抄本等。
21	碑帖拓本	历代碑帖拓本。
22	武器	各种兵器、弹药和军用车辆、机械、器具等。
23	邮品	各种邮票、实寄封、纪念封、明信片及其他邮政用品。
24	文件、宣传品	反映历史事件的正文文件或文件原稿；传单、标语、宣传画、报刊、号外、捷报；证章、奖章、纪念章等。
25	档案文书	历代诏谕、文告、题本、奏折、诰命、舆图、人丁黄册、田亩钱粮簿册、红白契约、文据、书札等。

序号	类别	内容及示例
26	名人遗物	近现代著名历史人物的手稿、信札、题词、题字等用品。
27	玻璃器	历代料器、琉璃等。
28	乐器、法器	各种乐器、法器。
29	皮革	历代各类皮革制品和工艺品。
30	音像制品	各种原版照片、胶片、唱片、磁带、珍贵拷贝等。
31	票据	各种门票、车船票、机票、供应证券、税票、发票、储蓄存单、存折、支票、彩票、奖券、金融券、单据等。
32	交通、运输工具	各种民用交通运输工具及辅助器物、制品，如舆轿、人力车、兽力车、汽车、摩托、船筏、火车、飞机等。
33	度量衡器	各种质地的用于物体计量长度、容积、质量的器具，如尺、权、砝码、量器、秤等。
34	标本、化石	具有科学价值的古脊椎动物化石和古人类化石，包括：古猿化石、古人类化石及其与人类活动有关的第四纪古脊椎动物化石。

序号	类别	内容及示例
35	其他	其他属于人类在历史发展进程中遗留下来的、由人类创造或者与人类活动有关的一切具有价值的物质遗存。

D.2 类别选择注意事项

货币，雕塑、造像，文具等类馆藏文物应根据具体用途或工艺选择分类。

示例1：战国郢爰、西汉马蹄金、清代银币等，应选择"货币"类，而非"金银器"类。

示例2：明代铜鎏金释迦牟尼佛像，应选择"雕塑、造像"类，而非"铜器"类或"金银器"类。

示例3：清端石瓜纹随形砚，应选择"文具"类，而非"石器、石刻、砖瓦"类。

示例4：玉杆毛笔，应选择"文具"类，而非"玉石器、宝石"类。

附 录 E

（资料性附录）

馆藏文物定名说明

E.1 馆藏文物定名

馆藏文物定名应科学、准确、规范。

馆藏文物已有名称而且准确的，采用已有名称。

馆藏文物没有名称的，在对文物进行认定和分类的基础上，根据文物的定名要素，制定文物名称。

E.2 定名要素

包括：

a) 年代。指文物的制造年代、或使用年代，或形成年代、或生存年代。

b) 特征。指文物的主要特征，如主题纹饰、主要工艺、主要内容、质地、主要作者以及产地、物主名、民族名、国名等。

c) 器物的通称。

为文物定名时，定名要素应按照年代、特征、通称顺序排列。

E.3 定名方法及注意事项

E.3.1 定名方法

各类馆藏文物定名方法及示例，如表 E.1 所示。

表 E.1 各类馆藏文物定名方法及示例

序号	类别	子类别	定名方法	定名示例
1	玉石器、宝石		"年代" + "文化"（新石器时代需加确切文化） + "特征" + "材质" + "器形"	新石器时代良渚文化兽面纹玉琮 西汉透雕双龙钮谷纹白玉璧
2	陶器		"年代" + "文化"（新石器时代需加确切文化） + "特征" + "质地" + "器形"	新石器时代仰韶文化人面鱼纹彩陶盆 唐三彩花卉纹枕
3	瓷器		"年代"（有年款的写明） + "窑口"（如已知确切窑口） + "特征" + "质地" + "器形"	宋磁州窑白釉黑彩人物故事长方瓷枕 明成化斗彩高足瓷杯

序号	类别	子类别	定名方法	定名示例
4	铜器		"年代"＋"特征"（含工艺）＋"质地"＋"器形"	西周中期窃曲纹铜鼎
5	金银器		"年代"＋"特征"＋"质地"＋"器形"	宋镂空双龙金香囊
6	铁器、其他金属器		"年代"＋"特征"＋"质地"＋"器形"	清光绪铁错银如意
7	漆器		"年代"＋"作者"（如确知作者名）＋"特征"（含工艺）＋"质地"＋"器形"	元张成造剔红栀子花漆盘
8	雕塑、造像		"年代"＋"特征"（包括工艺）"质地"＋"器形"	南朝彩绘灰陶持盾武士俑 元至元二年景德窑青花观音像 明永乐款铜鎏金释迦牟尼佛坐像
9	石器、石刻、砖瓦		"年代"＋"主要内容"＋"质地"＋"器形"	北宋太平兴国八年吕蒙正重修孔庙碑 西汉"长乐未央"铭瓦当

序号	类别	子类别	定名方法	定名示例
10	书法、绘画		"年代"＋"作者"＋"书体"＋"主要内容"＋"器形""年代"＋"作者"＋"主要内容"＋"器形"	明文征明真草千字文卷 五代顾闳中韩熙载夜宴图卷
11	文具		"年代"＋"作者"（如确知作者名）＋"特征"（含工艺）＋"质地"＋"器形"	西汉兔毫毛笔 明程君房制玉杵玄霜墨 清御制淳化轩刻画宣纸 西晋青瓷蛙盂钮盖三足砚
12	甲骨		"年代"＋"文字内容"（或标题）＋"质地"＋"器形"	商武丁时期龟腹甲获麑二雉十七卜辞
13	玺印符牌		"年代"＋"印文"＋"特征"＋"质地"＋"器形"	金"行军万户之印"铜印

序号	类别	子类别	定名方法	定名示例
14	钱币		"年代"＋"钱名"（面值）＋"质地"＋"器形"	战国赵榆次平首尖足布币 清咸丰元宝阔缘背宝巩当千铜钱 明一贯"大明通行宝钞"纸币 新莽大泉五十青铜钱母范 金贞祐三年拾贯文交钞铜版
15	牙骨角器		"年代"＋"作者"（如确知作者名）＋"特征"（含工艺）＋"质地"＋"器形"	明透雕蟠龙花卉犀角杯 清"行有恒堂"款牙雕葫芦瓶
16	竹木雕		"年代"＋"作者"（如确知作者名）＋"特征"（含工艺）＋"质地"＋"器形"	明竹雕"小松"款松鼠纹盒
17	家具		"年代"＋"作者"（如确知作者名）＋"特征"（含工艺）＋"质地"＋"器形"	清雕云蝠纹红木卷头案

序号	类别	子类别	定名方法	定名示例
18	珐琅器		"年代" + "作者"（如确知作者名） + "特征"（含工艺） + "质地" + "器形"	明万历御用监造铜胎掐丝珐琅栀子花纹三足蜡台
19	织绣		"年代" + "特征"（主要是纹饰内容） + "工艺" "质地" + "器形"	汉晋延年益寿长葆子孙锦 辽缂金水波地荷花摩羯纹棉帽
20	古籍善本		"年代" + "主要内容" + "器形"	唐敦煌回鹘文写经 西夏文刻本《顶尊相胜总持功德依经集》
21	碑帖拓本		"年代" + "作者" + "主要内容" + "器形"	宋拓东汉西岳华山庙碑拓片
22	武器		"年代" + "物主"（事件） + "特征" + "质地" + "器形"（用途）	1927 年朱德在南昌起义时使用的驳壳枪
23	邮品		"年代" + "发行单位" + "主要内容" + "器形"	1894 年纪 1 初版慈禧寿辰纪念邮票

序号	类别	子类别	定名方法	定名示例
24	文件、宣传品		"年代" + "主要内容" + "质地" + "器形"	1955 年授予XXX 的一级独立勋章 1951 年孤胆英雄唐凤喜的立功喜报
25	档案文书		"年代" + "主要内容" + "质地" + "器形"（用途）	清宣统《钦安殿佛像供器档》 清雍正三年宛平县王承恩卖地白契
26	名人遗物		"年代" + "主要内容" + "质地" + "器形"（用途）	1935 年方志敏《可爱的中国》手稿
27	玻璃器		"年代" + "作者"（如确知作者名）+ "特征"（含工艺）+ "质地" + "器形"	清乾隆白套红玻璃缠枝花卉纹渣斗
28	乐器、法器		"年代" + "作者"（如确知作者名）+ "特征"（含工艺）+ "质地" + "器形"	清乾隆款刻七佛纹嵌金口镶石海螺

序号	类别	子类别	定名方法	定名示例
29	皮革		"年代" + "特征" + "工艺" + "质地" + "器形"	1984 年中国女子排球队获奥运会冠军签名排球
30	音像制品		"年代" + "主要内容" + "质地" + "器形"（用途）	1949 年中华人民共和国开国大典记录胶片
31	票据		"年代" + "发行单位" + "主要内容" + "器形"	1929 年北平城南游艺场入门券
32	交通、运输工具		"年代" + "特征" + "属性" + "器形"（用途）	近代湘西地区四人抬花轿 1952 年成渝铁路第一列火车
33	度量衡器		"年代" + "特征" + "质地" + "器形"	秦二十六年八斤铜权
34	标本、化石	古脊椎动物化石	"地质年代" + "动物名称" + "身体部位" + "化石"	第四纪更新世中期肿骨鹿头骨化石
		古人类化石	"考古学年代" + "古猿、古人类名称" + "身体部位" + "化石"	旧石器时代元谋猿人头左侧门齿化石

序号	类别	子类别	定名方法	定名示例
35	其他	生活用具	"年代"＋"特征"＋"质地"＋"器形"（用途）	近代晋中地区木制脸盆架
		生产用具	"年代"＋"特征"＋"质地"＋"器形"（用途）	1872年江南机器制造总局造船工具

E.3.2　注意事项

馆藏文物定名时，应注意以下事项：

a) 具有历史、艺术、科学价值的仿制品，需注明。不能确定仿制时间的，应在年代前加"仿"字；如能确定仿制时间，则应标明仿制时间，如：清雍正仿成化斗彩盘。

b) 具有历史、艺术、科学价值而本身严重残缺的馆藏文物，应注明"残"字，如：战国水陆攻战纹铜鉴（残）。

c) 凡不能分割的馆藏文物，定名时应标记在一起：成组的馆藏文物，完整无缺者，要定一集体名称；失群者应在单个名称前标上集体名称，如：唐三彩十二辰"龙"陶俑。

d) 书法、绘画馆藏文物中如有多人合作者，定名时为避免字数过多，应以最著名者为主，后缀"等合作"字样。

e) 凡馆藏文物的附件都应注明，但不标在名称内，只在备注中说明。如：战国错金龙纹铜剑（附鞘）。

f) 除青铜器、书法、绘画外，名称中含有铭文、款识内容的，铭文、款识一般应加""号。

g) 近现代馆藏文物、文献文书类馆藏文物等命名中用字描述较多，应尽量精简内容，用词精炼准确，但不能因字数限制而省略主要内容。

h) 自然标本应依据国际通用定名法规定名。

附　录　F

（资料性附录）

馆藏文物年代标示说明

F.1　年代标示原则

F.1.1　只使用一种年代标示方式时，应遵循以下原则：

a) 史前文物用考古学年代，如：旧石器时代、新石器时代。

b) 历史文物用历史朝代纪年，纪年确切的可同时用公历纪年标示；个别地区历史朝代纪年不明确的，可使用考古学年代。

c) 地方政权控制时期（如少数民族政权、农民起义政权等）应标示表 F.1 中的时代，并附注地方政权年号或公历纪年。

示例：大理国日新五年（1012），应标示"北宋"。

d) 近现代文物一般用公历纪年标示，纪年不详的用"清末"、"中华民国"、"中华人民共和国"或所属主要历史时期（如"第一次国内革命战争时期"、"抗日战争时期"）标示。

F.1.2 使用两种及两种以上年代标示方式时，应遵循以下原则：

a）两个及两个以上连续时代的，应标示起止时代；不能确认具体时代的，应标示跨度年代；时代不详的，标示"不详"。

示例1：宋至明（960～1644）

示例2：秦汉、明清

b）用中国历史学年代（或帝王纪年）和公历纪年同时标示的，先标示中国历史学年代（或帝王纪年），同时在括号内标示公历纪年。

示例：明洪武二年（1369）

F.1.3 年代标示容易产生歧义时，应遵循以下原则：

a）夏商周：年代明确的分别标示为夏、商、西周、春秋、战国。商或周不明确的可标示为商周，西周、春秋、战国不明确的可标示为周，春秋、战国不明确的可标示为东周。

b) 汉：分为西汉、东汉，不明确的标示为汉。

c) 三国：具体分为三国魏、三国蜀、三国吴，不明确的标示为三国，不可单独标示为魏、蜀、吴。

d) 晋：分为西晋、东晋，不明确的标示为晋。

e) 十六国：标示时代及国别；国别不明确的标示为十六国，不可单独标示为某一国。

示例1：十六国前秦

示例2：十六国

f) 南北朝：标示南朝、北朝各代；不明确的可标示为南朝、北朝或南北朝，不可单独标示为宋、齐、梁、陈。

示例1：北魏

示例2：南朝宋

示例3：南北朝

g) 五代十国：标示时代及国别；不能确定国别的可标示为五代十国；属于十国之

一的，只能标示为五代十国 XX，不能标示为五代 XX。

示例1：五代后唐

示例2：五代十国北汉

h）宋：分为北宋、南宋，不明确的可标示为宋。

F.1.4 外国文物年代标示方法为：外国文物标示其所在国别及年代信息，并加注公历纪年。

示例：日本明治二十年（1887）

F.2 中国历史年代简表

具体年代的时间范围见表 F.1。

表 F.1 中国历史年代简表

夏		约前 2070 ~ 前 1600
商		前 1600 ~ 前 1046
周	西周	前 1046 ~ 前 771
	东周 春秋时代 战国时代[a]	前 770 ~ 前 256 前 770 ~ 前 476 前 475 ~ 前 221
秦		前 221 ~ 前 206

汉	西汉[b]	前206～公元25
	东汉	25～220
三国	魏	220～265
	蜀	221～263
	吴	222～280
西晋		265～317
东晋十六国	东晋	317～420
	十六国[c]	304～439
南北朝	南朝 宋	420～479
	齐	479～502
	梁	502～557
	陈	557～589
	北朝 北魏	386～534
	东魏 北齐	534～550 550～577
	西魏 北周	535～556 557～581
隋		581～618
唐		618～907

五代十国	后梁	907 ~ 923
	后唐	923 ~ 936
	后晋	936 ~ 947
	后汉	947 ~ 950
	后周	951 ~ 960
	十国[d]	902 ~ 979
宋	北宋	960 ~ 1127
	南宋	1127 ~ 1279
辽[e]		907 ~ 1125
西夏[f]		1038 ~ 1227
金		1115 ~ 1234
元[g]		1206 ~ 1368
明		1368 ~ 1644
清[h]		1616 ~ 1911
中华民国		1912 ~ 1949
中华人民共和国		1949 年 10 月 1 日成立

a 这时期，主要有秦、魏、韩、赵、楚、燕、齐等国。

b 包括王莽建立的"新"王朝（公元 9 年~23 年）和
更始帝（公元 23 年~25 年）。王莽时期，爆发大规
模的农民起义，建立了农民政权。公元 23 年，新莽
王朝灭亡。公元 25 年，东汉王朝建立。

c 这时期，在我国北方和巴蜀，先后存在过一些封建
割据政权，其中有：汉（前赵）、成（成汉）、前
凉、后赵（魏）、前燕、前秦、后燕、后秦、西秦、
后凉、南凉、南燕、西凉、北凉、北燕、夏等国，
历史上叫作"十六国"。

d 这时期，除后梁、后唐、后晋、后汉、后周外，还先
后存在过一些封建割据政权，其中有：吴、前蜀、吴
越、楚、闽、南汉、荆南（南平）、后蜀、南唐、北
汉等国，历史上叫作"十国"。

e 辽建国于公元 907 年，国号契丹，916 年始建年号，
938 年（一说 947 年）改国号为辽，983 年复称契
丹，1066 年仍称辽。

f 1032 年（北宋明道元年）元昊嗣夏王位，1034 年始
建年号，1038 年称帝，国名大夏。在汉籍中习称西
夏。1227 年为蒙古所灭。

g 铁木真于公元 1206 年建国；公元 1271 年忽必烈定
国号为元，1279 年灭南宋。

h 清建国于 1616 年，初称后金，1636 年始改国号为
清，1644 年入关。

附录 G

（资料性附录）
馆藏文物完残状况说明

G.1 完残状况

对馆藏文物完残情况的详细描述记录。

填写注意事项：第一，必须认真查看全部现状，包括附件在内，如附件残损、残缺等，也应一一说明；第二，选用现状术语要贴切，语言简练，既要反映残缺部位，又要反映损伤程度。

G.2 完残状况举例

由于馆藏文物完残情况不同，填写时为语言规范起见，大体可按下列几种情况记载：

残破。凡馆藏文物的现状局部破损，但不影响馆藏文物整个构体和内容的完整，可写残破，如破洞（指局部破损、破处较大者）、破孔（指局部破损、破处较小者）、裂口（裂缝已裂开）、裂纹（裂缝未裂开）、磨损（摩擦受损）等。

残缺。凡馆藏文物的现状缺某个组成部分致使藏品构件和内容不完整者，可写残缺。写残缺时，应将残缺部件、部位和残缺数量写具体。

霉变。凡馆藏文物因受潮遭菌侵蚀而发生变化，可写霉变，如霉点（发霉有零散小点者）、霉斑（发霉已结成块、片者）、霉迹等。

皱褶。凡馆藏文物因收缩或人为的揉弄而形成的条纹，可写皱折（皱折痕迹凌乱者）、折痕（因折叠有所损伤的痕迹）。

污渍。凡馆藏文物被油、墨等沾染的污垢，可写污迹，如油污、墨污等。

脱浆、脱线。凡藏品装订处的糊糊失去黏性或装订线断、接缝脱开者，可写脱浆、脱线等。

生锈。凡金属质地馆藏文物因氧化生锈，如铜锈、铁锈、腐蚀（氧化腐蚀较重者）等。

褪色。凡馆藏文物年久颜色变浅者，写褪色。

焦脆。凡馆藏文物年久变硬发脆者，写焦脆。

G.3 完残术语举例

常用于完残记录的术语包括：锈蚀、裂口、裂纹、磕损、伤、磕瘪、磨伤、脱漆、脱线、脱釉、爆釉、粘釉、微翘、翘曲、刀痕、划痕、钉眼、老化、胶粘、粘连等。

G.4 完残状况术语

填写不同类型馆藏文物的完残状况术语参见 WW/T 0001—2007、WW/T 0002—2007、WW/T 0003—2007、WW/T 0004—2007、WW/T 0005—2007、 WW/T 0013—2008、 WW/T 0021—2008、WW/T 0026—2008。

参考文献

【1】 GB/T 4754—2011 国民经济行业分类与代码。

【2】 WW/T 0001—2007 古代壁画病害与图示。

【3】 WW/T 0002—2007 石质文物病害分类与图示。

【4】 WW/T 0003—2007 馆藏出土竹木漆器类文物病害分类与图示。

【5】 WW/T 0004—2007 馆藏青铜器病害与图示。

【6】 WW/T 0005—2007 馆藏铁质文物病害与图示。

【7】 WW/T 0013—2008 馆藏丝织品病害与图示。

【8】 WW/T 0021—2008 陶质彩绘文物病害与图示。

【9】WW/T 0026—2008 馆藏纸质文物病害分类与图示。

【10】《博物馆藏品管理办法》，文化部，1986 年 6 月 19 日发布。

【11】《文物认定管理暂行办法》，文化部令第 46 号，2009 年 8 月 10 日发布。

【12】《文物藏品定级标准》，文化部令第 19 号，2001 年 4 月 9 日发布。

【13】《一级文物定级标准举例》，文化部，2001 年 4 月 9 日发布。

【14】《关于印发〈近现代文物征集参考范围〉和〈近现代一级文物藏品定级标准（试行）〉的通知》，国家文物局，2003 年 5 月 13 日发布。

【15】《藏品档案填写说明》，国家文物局，1991 年 11 月 19 日。

【16】《博物馆藏品信息指标体系规范（试行）》，国家文物局文物博发〔2001〕81 号。

关于做好出土（水）文物普查登录
有关要求的通知

（办普查函〔2014〕18 号）

各省（自治区、直辖市）文物局（文化厅）：

为做好第一次全国可移动文物普查（以下简称"普查"）工作，根据《文物保护法》、《考古发掘管理办法》、《田野考古工作规程》和《第一次全国可移动文物普查实施方案》，制定了《第一次可移动文物普查出土（水）文物登录要求》（以下简称要求）。现发给你们，请按照要求做好普查中出土（水）文物的登录工作。

国家文物局办公室

二〇一四年一月二日

附：第一次可移动文物普查出土
（水）文物登录要求

一、下列考古调查获取及考古发掘出土（水）文物按照《馆藏文物登录规范》相关规定予以登录。

1. 各类器型完整的文物　文物出土（水）时构成器物的主要材质保存完好，文物本体完整的文物；经考古调查获取，有明确的采集地点，且能对遗址性质、内涵具有判定作用，器型相对完整的采集品。

2. 经修复后器型完整的文物　文物出土（水）时构成器物的主要材质基于外力及保存环境等因素，已经碎裂或残缺，但经修复可恢复文物原貌。

3. 经整理选取的各类标本　指在考古发掘及资料整理过程中，从残碎的、无法修复为完整器的文物碎片（如陶片、瓷片等）中选取的，能反应遗址特定文化内涵、具有科研参考价值、典型的残片（如口沿、底部、特殊纹饰部位等）。

二、对于同一最小遗存单位内出土（水）数量众多、器型较小、且形制单一的各类文物，如细石器、小石片、骨针、纺轮、陶丸、陶饼、钱币、箭镞、车马器（明器）等，可按其出土（水）单位为基础，分类、按件组登记。

1. 上述出土（水）文物，其计件按照文物的分装容器为单位，记为1件组。

2. 件组内文物形制一致的（如铜钱等），除称量总重外，应选择具有代表性的单体进行拍照、测量。

3 具有组合性质且形制、质地有差别的件组文物（如车马器），除拍摄合影外，应按形制、质地分别拍照、测量。

4. 孤品、含有贵金属质地或具有特殊考古学价值，以及出土（水）时已经按照小件器物收集、登记的，可依据《馆藏文物登录规范》按单件文物登录。

三、出土（水）文物的登录，须符合《馆藏文物登录规范》、《第一次国有可移动文物普查工作手册》等规范性文件的总体要求。

　　四、登录的文物应在确保状态稳定、组合确定之后进行。

　　五、考古发掘单位的出土（水）文物以整理后的编号登记号。

晋代　青瓷胡人骑狮器

关于做好馆藏自然类藏品登录
工作有关要求的通知

办普查函〔2014〕249 号

各省（自治区、直辖市）文物局（文化厅）：

为做好第一次全国可移动文物普查（以下简称"普查"）馆藏自然类藏品登录工作，根据《中华人民共和国文物保护法》及实施条例、《古生物化石保护条例》和《古人类化石和古脊椎动物化石保护管理办法》，现将有关工作通知如下：

一、博物馆、纪念馆、有关科研院所等收藏有自然类藏品的单位，应按照普查相关规范、标准做好自然类藏品的信息采集、登录工作。

二、各级普查办要切实加强督查和指导力度，将上述单位中收藏的自然类藏品纳入普查工作，并在专家库中吸收自然类藏品的有关专家。

三、下列自然类藏品予以登录

（一）合法命名的古生物化石、古人类化石、现生动物和现生植物的模式标本。

（二）国家一级、二级、三级重点古生物化石及保存较完整的在生物演化上具有重要意义的古生物化石标本。

（三）古人类化石，及与人类有祖裔、旁系关系的古猿化石标本。

（四）与人类起源演化有关的第四纪古脊椎动物化石标本。

（五）科学记录翔实、产地来源确切的国家一级、二级重点保护野生动物、植物标本以及列入濒危物种国际贸易公约附录名录的野生动物、植物标本。

（六）野外绝灭或绝迹已久，重新发现的具有重要价值的动物、植物标本。

（七）国内新记录种的野生动物、植物标本。

（八）新石器时代和历史时期文化遗址中出土的具有重要价值的人类遗骸、动物、植物标本。

（九）地球以外采集的或地球上发现的重要的天体标本。

（十）国内外稀有的具有重要价值的矿物、岩石、矿石、宝石标本。

（十一）重要化石的切片、磨片、光片、模具、模型、复制品等标本。

（十二）其他具有重要科学、历史价值的代表性标本。

四、登录内容

包括：收藏单位、藏品编号、藏品中文名称、拉丁文名称或英文名称、级别、类别、年代、采集地（产地）、尺寸、保藏方式、来源方式、入藏时间、照片、描述、备注。具体内容见《自然类藏品登记卡》及说明。

附件：1.《自然类藏品登记卡》

2.《自然类藏品登记卡》填写说明

国家文物局办公室

二〇一四年四月一日

自然类藏品登记卡

收藏单位		
藏品编号		
藏品中文名称		
拉丁文名称或英文名称		照片
级　　别		
类　　别		
年　　代		
采集地（产地）		尺寸
保藏方式		来源方式
入藏时间		
描　　述		
备　　注		

自然类藏品登记卡填写说明

1 收藏单位

标本收藏单位全称。

2 藏品编号

指收藏单位标本的编号。包括标本总登记号、分类号、野外采集号、标本号等。

同一地点、同一层位的多个古生物化石个体（如鱼、昆虫、无脊椎动物等）保存在一个围岩上时，分别编号。

3 藏品中文名称

标本收藏登记卡片中的中文名称。

4 拉丁文名称或英文名称

生物标本填写拉丁文名称，岩石矿物等标本填写英文名称。

5 级别

分为珍贵、一般和其他。

5.1 古生物化石

"珍贵"指模式标本及保存完整的在生物演化上具有重要意义的国家重点保护化石等（参

见《国家古生物化石分级标准（试行）》和《国家重点保护古生物化石名录（首批）》）。"一般"指除珍贵外的其他化石。"其他"指化石模型、模具、复原标本等。

5.2 现生动物和现生植物

"珍贵"指模式标本及保存完好的国际濒危物种、国家重点保护野生动物和野生植物标本等（参见《国家重点保护野生动物名录》、《国家重点保护野生植物名录》和《濒危物种国际贸易公约附录》）。"一般"指除珍贵标本外的其他种类标本。"其他"指生物的组织、器官、卵等，包括解剖、系统发育、比较标本等。

5.3 古人类化石

"珍贵"指化石。"一般"指模型、复制品等。

5.4 岩石、矿物

包括矿石、宝石等，均不分级。

6 类别

分为古生物化石、古人类化石、现生动物和现生植物、岩石和矿物、其他等五大类别。

古生物化石、古人类化石、现生动物和现

生植物的分类系统以界、门、纲、目、科、属、种作为基本的分类阶元，以二名法的拉丁学名命名的种作为最基本的分类单位。岩石、矿物等依据结构、变质作用类型、成因等进行分类。

亚种、变种及同物异名等情况在备注中说明。

7 年代

按照地质年代进行登录，可分为"宙、代、纪、世、期"。

8 采集地（产地）

标本采集地分为国内、国外和其他。

"国内"指省、市、县。"国外"指国家。"其他"指天体标本等。

9 尺寸

标本的长度×宽度×高度。尺寸单位为厘米（cm）。

10 保藏方式

指标本的制作方法、保存状态等。

古生物化石、古人类化石、岩石和矿物标本保存的方式分为标本、薄片、光片、模型（模具）、其他。现生动物和现生植物及其他标本保存的方式划分为干制、玻片、液浸、针插、假剥制、剥制、皮张、骨骼、头骨、腊叶、塑化、包埋、其他。

11 来源方式

征集购买、接受捐赠、依法交换、拨交、移交、旧藏、发掘、采集、拣选。

12 入藏时间

指标本在收藏单位入藏的日期。

如果无法确定具体日期，可以确定大致年代，分四个时期：1949 年 10 月 1 日前、1949 年 10 月 1 日 – 1965 年、1966 ~ 1976 年、1977 ~ 2000 年、2001 年至今。

13 照片

参照《馆藏登录规范》相关要求。

14 描述

标本主要特征或特性的描述。

15 备注

有关标本的名称、形态、价值等情况的说明。

后　记

　　"工欲善其事，必先利其器"。《第一次全国可移动文物普查藏品登录操作手册》，作为指导普查藏品登录工作而编写的实用型工作用书现已正式付梓。手册的编写定位于服务全国可移动文物信息登录的具体工作。

　　手册虽小，但其中也凝结了众多普查人的心血。按照国家文物局普查办主任宋新潮的要求，国家文物局普查办邀请了上海博物馆陈克伦、甘肃博物馆贾建威、湖南省博物馆李建毛、首都博物馆武俊玲、北京市博物馆研究所祁庆国、陕西省考古研究院曹龙等多位专家指导编写操作问答部分。国家文物局普查办何巧云、刘文艳、赵菁、高薇共同参与编写。全书由刘文艳负责统稿，王莉、何晓雷负责策划、审定。

　　手册的编写得益于许多同志的热心支持，河南省博物院郭灿江在后期统稿阶段，从藏品保管的实际角度对稿件进行了把关，提出许多典型性的问题，丰富了素材类型；南京博物院王磊、李诗萱认真编写了操作问答后的大型博物馆摄影设备建议、中小型博物馆摄影设备建议、高清文物扫描复制设备建议部分，摄影专家赵辉编写了简易条件下的摄影设备建议部分，充实了全书内容。在此一并表示感谢！

希望手册能够为普查工作采集登录一线各位同仁提供切实的帮助。当然，工作实践中一定会有本手册所未虑及的问题，疏漏之处，尚请各位普查人谅解。相信"聚沙成塔，集腋成裘"，我们现在所积累的每一个问题，克服的每一个困难都将是第一次全国可移动文物普查工作留下的宝贵财富。

编者

2014 年 9 月